Por que ocupamos?

Uma introdução à luta dos sem-teto

GUILHERME BOULOS

Por que ocupamos?
Uma introdução à luta dos sem-teto

4ª Edição
Revista e ampliada

AUTONOMIA LITERÁRIA

AUTONOMIA LITERÁRIA

Coordenação editorial:
Cauê Seignemartin Ameni, Hugo Albuquerque & Manuela Beloni
Revisão & preparação: Tadeu Breda
Capa: Gabriela Leite & Chrysantho Figueiredo
Diagramação: Manuela Beloni
Selo: Livro-movimento
Fotos: Midia Ninja

Dados Internacionais de Catalogação na Publicação (CIP)
(Maurício Armomino Junior, CRB6/2422)

B764p

Boulos, Guilherme.
Por que Ocupamos? Uma Introdução à luta dos sem-teto/ Guilherme Boulos. - 4ª ed. - São Paulo (SP): Autonomia Literária. 2015
112 p. : 14x21 cm

ISBN: 978-85-69536-01-7

1. Direito à moradia. 2. Movimento dos Trabalhadores Sem Teto. 3. Pessoas desabrigadas. 1. Título

CDD-305.56

EDITORA AUTONOMIA LITERÁRIA
Rua Conselheiro Ramalho, 945
01325-001 São Paulo - SP
autonomialiteraria@gmail.com
www.autonomialiteraria.com.br

Sumário

LIVRO MOVIMENTO

Em uma era marcada pela ascensão de novos movimentos sociais, interligados em rede e articulados horizontalmente, repensar novas estratégias, instituições, símbolos e maneiras de intervir na realidade é uma tarefa urgente e incontornável.

No atual contexto, um dos maiores desafios para uma editora é encarar a dimensão política do livro, deslocando-o para além de seu habitat natural nas bibliotecas e livrarias.

Com o compromisso político selando o pacto editorial, surge a necessidade de colocar o livro em movimento - ao mesmo tempo em que temos de colocar os movimentos nos livros.

Eis a ideia do selo Livro-Movimento da Autonomia Literária: uma ação em comum entre projeto editorial e movimentos sociais, uma construção prática do conhecimento situada no interior das lutas. Pronto para inflamar a sociedade.

Este selo traça uma das trincheiras do projeto político-editorial da Autonomia Literária, cujo espírito da publicação visa desmercantilizar o produto para politizá-lo, sendo mais uma pedra nas barricas que fortalecem as lutas transformadoras.

As formas subjetiva e objetiva se completam. O movimento dialoga com a sociedade e o leitor colabora viralizando a ideia, enquanto fortalece as bases dos movimentos. Uma boa leitura!

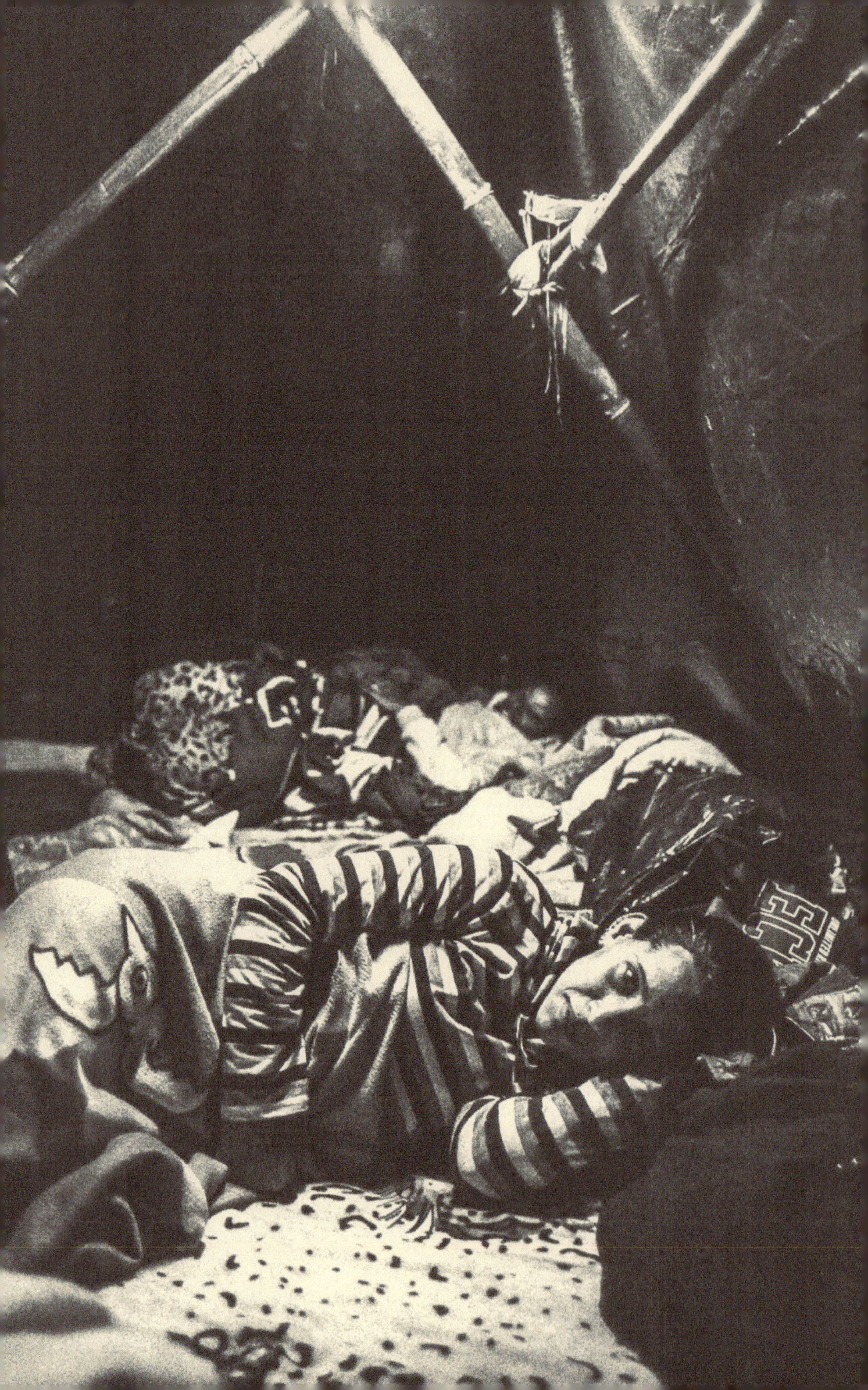

APRESENTAÇÃO

Copa sem

Há duas boas razões para se ler este pequeno livro. A primeira é porque trata de um assunto da maior importância e está muito bem escrito. Fundamentado em dados suscetíveis de fácil verificação por quem assim o deseje, o livro mostra a profunda injustiça que está sendo cometida com milhões de famílias de trabalhadores. Gente que trabalha duro a vida inteira e que não consegue adquirir uma casa para morar.

Além de denunciar essa aberração, o livro expõe, com grande clareza, as causas do problema. O conhecimento dessa realidade é essencial para quem deseja compartilhar da luta da classe trabalhadora contra a dominação burguesa.

A segunda boa razão para se ler *Por que ocupamos?* é que seu autor vive a luta dos sem teto pessoalmente. Sei disso por experiência própria. Dadas a minha posição política e as conexões que tenho com as autoridades da República, sou a primeira pessoa que Guilherme Boulos procura para intermediar negociações entre os ocupantes e as autoridades encarregadas de executar os mandados de despejo. Os resultados dessas negociações nem sempre são inúteis, como o recente caso do Pinheirinho. Muitas vezes, consegue-se que o Estado dê um tempo para que os sem teto demonstrem a justiça da ocupação. Nesses casos, sem falhar um, os trabalhadores comprovam a constitucionalidade de suas pretensões. Infelizmente, uma Justiça de classe teima em usar a formalidade da lei ordinária para frustrar os objetivos da Constituição Federal.

Guilherme Boulos, professor consciente dos deveres éticos de quem recebe o benefício da educação superior, milita em um movimento social tão importante quanto o MST: o que este realiza no campo, o MTST realiza na cidade. Nesse mister, Boulos tem sofrido violências físicas e processos judiciais, como agora, na desocupação do Pinheirinho. Isto adiciona paixão e autenticidade às suas palavras. Certamente, após a leitura desse grande pequeno livro, você terá vontade de unir-se a ele e aos trabalhadores nessa luta. E, creia, será muito bem vindo.

Plinio de Arruda Sampaio
São Paulo, 28 de fevereiro de 2012

PREFÁCIO

Lost

No momento em que enviamos para a gráfica a quarta edição do livro *Por que ocupamos – Uma introdução à luta do sem teto*, escrito por Guilherme Boulos, o Movimento dos Trabalhadores Sem Teto (MTST) deu início a campanha "Setembro de Lutas, por moradia e emprego" com a realização de várias ocupações pelo país, entre elas a Povo Sem Medo de São Bernardo do Campo que, com mais de 7 mil famílias, tornou-se a maior dos últimos anos.

Essas ocupações são uma resposta do povo pobre ao represamento dos recursos para moradia popular e ao desemprego, resultados de uma política de retrocessos econômicos e sociais sem precedentes. As mobilizações das periferias representam um grito de que *não* estamos dispostos a pagar a conta da crise.

É preciso notar ainda que todos esses ataques partem de um governo atolado em escândalos de corrupção, sem voto e com 3% de aprovação. Temer não tem legitimidade para governar e menos ainda para mexer em direitos históricos do povo brasileiro.

Por isso, o MTST se envolveu no último período em um conjunto de lutas muito além da questão da moradia. Teve um papel importante nas mobilizações contra o golpe que destituiu a presidente Dilma Rousseff em 2016, nas mobilizações pelo Fora Temer e segue enfrentando suas políticas e seu governo.

Neste intenso processo de mobilização, o MTST ajudou a impulsionar a Frente Povo Sem Medo, a partir de 2015, em parceria com outros movimentos sociais, sindicatos e ativistas de todo país. As bandeiras desde o princípio foram o enfrentamento à direita selvagem que cresce no Brasil, a defesa intransigente dos direitos e a necessidade de pensar os desafios de um projeto de esquerda renovado e popular.

Neste sentido, a Frente Povo Sem Medo impulsiona hoje o debate democrático através da iniciativa VAMOS, no intuito de contribuir na construção de um programa para o Brasil, com encontros em praças públicas e uma plataforma colaborativa, reunindo sem-tetos, intelectuais, jovens, trabalhadores e ativistas nos quatro cantos do país.

Em todas essas lutas e iniciativas, o MTST nunca deixou de fazer o seu feijão com arroz: trabalho de base, ocupações de terra e mobilizar o povo por suas reivindicações. Não por acaso, o MTST completa em 2017 seus 20 anos de existência, como um dos movimentos sociais mais dinâmicos e importantes do país.

O livro *Por que ocupamos – Uma introdução à luta do sem teto* tem servido de base para entender como se deu o processo formação excludente dos grandes centros urbanos e a responsabilidade do mercado imobiliário em determinar as prioridades políticas dos governos.

Escrito com uma linguagem simples e acessível, de maneira que qualquer pessoa do povo possa ler e compreender, o livro se transforma numa ferramenta de mobilização e não apenas num objeto de estudo acadêmico.

Seu autor, Guilherme Boulos, escreve não apenas como alguém que estudou e se aprofundou na questão da moradia, mas também como alguém que constrói diariamente a luta pelo direito à cidade e por um novo projeto de país.

Por isso, o livro ajudou a formar uma geração de militantes da luta por moradia, é lido nas ocupações e faz parte do processo de formação política da coordenação e da base do MTST nos catorze estados que o movimento se organiza hoje.

Portanto, a leitura deste livro é uma inspiração, um convite à luta.

Boa leitura!

Setor de Formação Política do MTST
São Paulo, setembro de 2017

Por que ocupamos?

Ocupamos pelo direito
aos legítimos direitos
injustamente negados,
sonegados.

Ocupamos porque
plantamos,
mas não podemos comer
Fabricamos,
mas não podemos comprar
Construímos,
mas não podemos morar.

Falta saúde,
já arrancada no berço
Proletária não tem tempo
de amamentar
Esperamos em filas,
quem irá de nossos filhos
cuidar?

Faltam escolas,
educação em migalhas,
sempre ao fio da navalha,
formatada em mais-valia;
trabalhador só pode estudar
para aprender as máquinas
operar

Conhecer e direcionar
ficou para os filhos da burguesia.

Falta moradia,
esse nosso maior direito
Jogados nos morros então,
empreiteiras apostam bilhões
no jogo da especulação;
só somos lembrados
em dias de pleito.

Já ocupamos
navios, capitanias, cercanias,
vilarejos, quilombos, cortiços
e mucambos, escombros, bairros
e terras,
estamos hoje em
vielas, favelas, juntando alegrias
na grande nação
periferia.

Ocupamos e ocuparemos
a história esquecida,
sem memória,
a que não se ensina
na escola,
porque edificamos tudo
que aí está,
porque
nunca paramos
de lutar
e trabalhar.

Somos muitos
somos tantos e tantas
diversidades amplas
somos:
mães, pais, empregados, ambulantes,
feirantes, pedreiros e pintores,
babás, enfermeiras e operadores,
auxiliares, vendedores, pastores,
pensadores, artistas, violeiros e
cantores, jardineiros, confeiteiros,
gestores, poetas, motoristas, frentistas,
atores, médicos, professores e educadores,
domésticas, dançarinas, estudantes, freelancer...
escritores, narradores e boias-frias.

Movimentamos o dia e a noite,
muitas vezes embaixo de açoites,
não desistimos,
temos fibra e orgulho
de saber que somos
trabalhadores,
garantindo o preço
porque somos os
verdadeiros
donos do mundo!

Lene Souza, poeta-MTST

CAPÍTULO 1

O PROBLEMA DA MORADIA NO BRASIL

O Brasil tem tantas mazelas sociais que às vezes não conseguimos ter a dimensão da gravidade de cada uma delas. A falta de moradia é um dos problemas mais sérios. Estamos entre os países com maior déficit habitacional do mundo, ao lado de Índia e África do Sul.

"Déficit habitacional" é o nome que se dá para a quantidade de casas que faltam para atender a todos aqueles que precisam de um teto. Existem dois modos de definir este déficit: o quantitativo (número de famílias que não tem casa) e o qualitativo (número de famílias que moram em situação extremamente inadequada). Estes dois dados, juntos, formam o panorama do problema habitacional brasileiro.

O último estudo feito pela Fundação João Pinheiro, publicado em novembro de 2013, que é utilizado oficialmente pelo governo federal, mostra que o déficit habitacional quantitativo no Brasil é de 6.940.691 famílias. Isso significa que cerca de 22 milhões de brasileiros e brasileiras não têm casa. Os sem-teto são, portanto, mais de 10% da população do país. Como vive toda essa gente?

É preciso, primeiramente, deixar de lado a visão equivocada de que sem-teto são somente aqueles que moram na rua, em situação de extrema miséria e mendicância. Esse grupo é aquele que chegou ao limite da degradação causada pela falta de moradia, pelo desemprego e outros males do sistema capitalista. A maioria dos sem-teto não está em situação de rua e trabalha, ainda que muitas vezes na informalidade e sem direitos assegurados.

O mesmo estudo da Fundação João Pinheiro mostra que, destas 22 milhões de pessoas, cerca de 43% vivem em situação de coabitação familiar, isto é, moram de favor na casa de parentes, onde ocupam algum pequeno cômodo. Outros 31% gastam dinheiro demais com aluguel, ou seja, deixam de consumir o básico para sobrevivência pelo peso que o aluguel representa na renda familiar. Há ainda uma parte que vive em casas absolutamente precárias, e outra, em cortiços. Estas são as condições de vida em que se encontram os sem-teto no Brasil.

Como dissemos, o problema se completa com o chamado déficit habitacional qualitativo, que se refere à falta de condições básicas para uma vida digna. Este número é maior que o anterior: são 15.597.624 famílias nesta situação, isto é, cerca de 48 milhões de pessoas. Que condições são essas?

Segundo dados oficiais, o maior destes problemas, que afeta mais de 13 milhões de famílias, é a falta de infraestrutura e serviços básicos a uma moradia decente: luz elétrica, água encanada, esgoto e coleta de lixo. Para que se tenha uma ideia da gravidade do problema, mais da metade (63%) das famílias da região Norte do país vive na carência permanente de pelo menos um destes serviços básicos. Mesmo nas partes mais ricas do país, o problema é alarmante. A Região Metropolitana do Rio de Janeiro tem mais de 700.000 famílias nesta condição.

Outro problema grave relacionado à inadequação de moradias é o adensamento excessivo de pessoas numa única residência. Cerca de 1,6 milhão de casas abriga mais de três pessoas por cômodo, em geral cômodos pequenos. E uma de cada quatro dessas casas superpovoadas encontra-se no estado mais rico do Brasil: São Paulo. A este problema ainda se soma, no país, mais de um milhão de moradias que simplesmente não têm banheiro.

Quem são os brasileiros que fazem parte destes números assustadores?

Será que não há coleta de lixo e água encanada nos condomínios de luxo da Barra da Tijuca, no Rio de Janeiro? Será que falta banheiro em alguma mansão do bairro do Morumbi, em São Paulo? É claro que não.

Os brasileiros que sofrem com o problema de moradia – seja pela falta ou pela inadequação das casas, seja pela ausência de serviços básicos – são os trabalhadores mais pobres, em especial aqueles que vivem nas periferias urbanas. Os dados mostram: 67% das famílias que não têm casa no Brasil vivem com renda menor que três salários mínimos por mês.

No caso dos serviços básicos, a desigualdade é incrível. O Estado deveria garantir a todos as mesmas condições, independentemente de onde moram ou quanto ganham. Não é isso que eles dizem? Mas a realidade é bem diferente... Veja o gráfico na página 34.

No Nordeste, 82% das famílias que ganham menos que dois salários mínimos sofrem com a carência de serviços, mas, no caso das que ganham mais que dez salários, o número desce para 2%. Quem acha que isso só ocorre no Nordeste está enganado: na Região Metropolitana de São Paulo as coisas não são muito diferentes: 67% das famílias com menos de dois salários sofrem com essa situação; no caso das famílias com mais de dez salários, o número é 1,7%.[1]

Vemos com isso que o problema da moradia reflete uma desigualdade social profunda. Quem sofre com o

1 Os dados deste parágrafo referem-se ao estudo realizado pela Fundação João Pinheiro em 2009, já que o estudo de 2010 não incluiu a tabela de inadequação de moradia por faixa de renda.

déficit habitacional tem nome e endereço: são os trabalhadores mais pobres, que moram nas periferias das cidades. Essa lógica da desigualdade se mostra nua e crua quando vemos o número de imóveis vazios no país.

GRÁFICO 6.8
DOMICÍLIOS URBANOS (1) COM CARÊNCIA DE INFRAESTRUTURA, POR FAIXAS DE RENDA MÉDIA FAMILIAR MENSAL, SEGUNDO REGIÕES GEOGRÁFICAS E REGIÕES METROPOLITANAS (RMs) - BRASIL - 2007

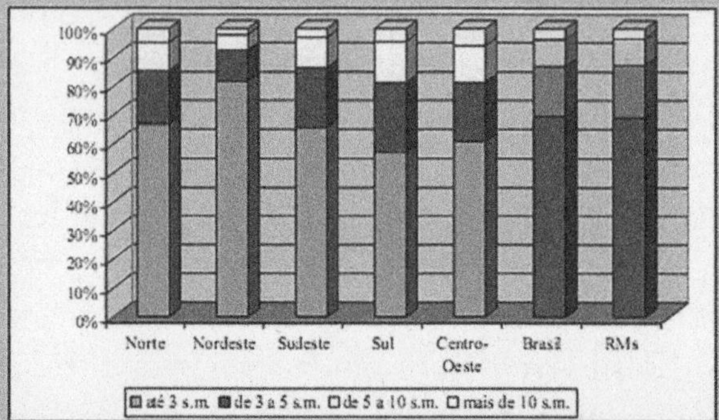

Fonte: Dados básicos: Instituto Brasileiro de Geografia e Estatística (IBGE), Pesquisa Nacional por Amostra de Domicílios (Pnad), 2007

(1) Apenas domicílios urbanos duráveis, ou seja, não são considerados os improvisados e os rústicos, sendo excluídos também os cômodos, por se constituírem parcela do déficit habitacional. Inclui, além dos domicílios urbanos, os rurais de extensão urbana.

Muito para poucos, pouco para muitos

Ao contrário do que parece, não faltam casas no Brasil. Há quase tantas casas quanto famílias para morar nelas. Mas, como vimos, existem milhões de pessoas sem-teto. Estranho isso, não é?

Vamos relembrar: são 6.940.691 famílias que não têm casa no país. Problema muito grave, principalmente quando a mesma pesquisa nos mostra que existem 6.052.000 imóveis vazios, sendo que 85% deles teriam condições de ser imediatamente ocupados. Ou seja, há praticamente tantas casas sem gente do que gente sem casa. Em tese, precisariam ser construídos poucos imóveis para resolver o problema habitacional brasileiro.

Apenas em tese, porque a maior parte dessas casas vazias – sem falar nos terrenos ociosos, onde não há edificação – está nas mãos de um pequeno grupo de grandes capitalistas, que ganham muito deixando as coisas do jeito que estão. No capítulo seguinte, veremos como eles atuam e a força política que têm.

É importante lembrar que esses milhões de imóveis vazios não incluem a chácara ou o apartamento da praia, que algumas famílias de renda média conseguiram adquirir por meio de seu trabalho. São apenas os imóveis permanentemente desocupados, em sua grande maioria usados para especulação imobiliária.

A contradição é gritante. E, se pensarmos bem, vemos que ela não ocorre só em relação ao problema da moradia. O Brasil é um dos maiores produtores de alimento do mundo e, no entanto, milhões passam fome. Poderíamos pensar muitos outros exemplos de uma lógica em que o direito dos ricos se impõe sobre o direito dos trabalhadores. Em nome do direito à propriedade de alguns poucos, se nega o direito à moradia para milhões.

Moradia: direito ou mercadoria?

Todo cidadão tem direito à moradia digna. Pelo menos é o que diz o artigo 6° da Constituição Federal do Brasil.

Direito significa algo que deveria ser garantido de maneira igualitária a todos, sem distinção. A responsabilidade de garantir direitos é do Estado, que, para isso, cobra impostos e realiza (ou deveria realizar) investimentos.

Se a moradia digna fosse tratada de fato como um direito, ela deveria ser garantida a todos pelo Estado, sem distinção de renda ou região. Isso significaria garantir moradia "gratuita" – ou melhor, subsidiada – aos que mais precisam.

Vemos, porém, que não é bem isso o que ocorre. A falta de moradia e a precariedade dos serviços básicos afetam apenas os trabalhadores, em especial os mais pobres. A distinção entre direito para o rico e direito para o pobre é evidente.

Entender a moradia como direito significa pensá-la a partir da necessidade e do uso. Ao contrário, a lógica capitalista dominante trata a moradia – e todos os direitos sociais – a partir do valor medido em dinheiro, o valor de troca. Para o capital, pouco importa se há gente precisando de moradia: importa se há quem possa pagar por ela e trazer lucro às construtoras e donos de terra.

Tudo é transformado em mercadoria, independente das necessidades sociais. Se não fosse assim, seria inexplicável haver tantas casas vazias ao lado de tanta gente sem-teto. A moradia, além disso, é uma "mercadoria" muito cara para a maioria dos trabalhadores brasileiros. Durante muito tempo, foi quase um item de luxo.

O mercado habitacional brasileiro caracterizou-se historicamente por ser muito elitizado. Voltou-se para atender a chamada classe média e os ricos das grandes cidades. Esses segmentos sociais sempre encontraram créditos bancários e empreendimentos mais ou menos compatíveis com seus bolsos. Aos trabalhadores, restava o eterno aluguel e, principalmente, os loteamentos e ocupações nas periferias urbanas.

Esta mercantilização do direito realiza os lucros de importantes grupos econômicos. No caso da moradia, se o Estado cumprisse seu dever de garanti-la a todos, os especuladores de terra e as grandes construtoras perderiam dinheiro. O mesmo se passa com outros direitos. Se o Estado garantisse educação pública de qualidade a todos, as escolas e faculdades privadas deixariam de existir. A mesma coisa ocorreria aos planos de saúde se o serviço público de saúde fosse como deveria ser.

Enfim, transformar o direito em mercadoria prejudica a maioria, mas favorece a classe mais rica. E o Estado, que deveria garantir os direitos, o que faz em relação a isso?

BNH: primeiro programa habitacional do Brasil

Os programas habitacionais do Estado brasileiro não representaram jamais um contraponto à lógica de eliminação da moradia como direito. Ao contrário: aprofundaram o caráter excludente e mercantil desta lógica.

Na realidade, o Estado brasileiro desenvolveu apenas dois programas habitacionais relevantes ao longo de toda sua história: o Banco Nacional de Habitação (BNH), durante a ditadura militar; e o tão falado Minha Casa Minha Vida, a partir do governo Lula. Vejamos brevemente o significado destes programas.

O BNH pretendia ser, no início, uma forma de dar legitimidade ao governo dos militares depois do golpe de 1964. A proposta, expressa inclusive em documentos, seria transformar o trabalhador em proprietário (de um imóvel) e, assim, ganhar a simpatia dos mais pobres ao regime repressivo e antipopular dos generais.

Mas nem isso fez. As iniciativas do BNH voltadas aos mais pobres – seja no caso dos projetos de desfavelização no Rio de Janeiro ou no caso das Cohabs – resultaram em fracassos estrondosos.

Isso ocorreu por conta da lógica bancária e empresarial do BNH. Não havia praticamente nada de subsídio, isto é, o valor completo do imóvel tinha que ser pago pelo mutuário do programa. Além disso, as prestações eram elevadas e seguiam as normas do crédito bancário privado. O que isso quer dizer?

Quer dizer que o BNH não fez nada diferente de um banco privado ou de uma grande empreiteira. Seu objetivo sempre foi o lucro com a produção e financiamento de moradias. A moradia, tratada pelo próprio Estado como mercadoria, permaneceu sendo privilégio dos que podiam pagar alto por ela.

Das cerca de cinco milhões de casas financiadas pelo BNH, apenas 25% (uma em cada quatro) foram destinadas a famílias com renda menor que cinco salários mínimos. E isto correspondeu a somente 12% do total de recursos aplicados pelo banco. É muito pouco.

Ou seja, o BNH financiou casas para a classe média e não para os trabalhadores mais pobres, que, como vimos, representam 90% do déficit habitacional. Seu maior objetivo sempre foi dar lucro, nunca garantir o direito à moradia.

Depois da falência do BNH, em 1986, o país ficou mais de vinte anos sem ter qualquer política habitacional importante. Até que, no governo do presidente-operário, veio o Minha Casa Minha Vida, com a promessa de resolver todos os problemas.

Será? Vamos ver passo a passo como as coisas aconteceram.

Minha Casa Minha Vida: quem ganha com isso?

O programa foi lançado em fevereiro de 2009, alguns meses depois da explosão da maior crise econômica deste século, em 2008, nos Estados Unidos. O estouro desta crise teve como pavio exatamente o mercado imobiliário norte-americano. Foram vendidas muitas casas nos Estados Unidos a crédito, com valores excessivamente altos, por conta da especulação imobiliária. Com o valor dos terrenos lá em cima, muitas empresas e bancos viram aí uma oportunidade de engordar mais ainda seus lucros: emprestavam dinheiro a quem queria comprar uma casa, tomando o próprio imóvel como garantia de pagamento. Como o valor das casas crescia cada vez mais, o negócio era atraente aos capitalistas.

O problema é que muitos destes compradores, em geral trabalhadores norte-americanos, não tinham como pagar as prestações. Por isso, algumas empresas e bancos – que já tinham ganhado muitos milhões de dólares – decretaram falência. As casas deixaram de ter compradores. Muitas famílias foram despejadas, já que a casa era a garantia do empréstimo. E a crise se alastrou.

É claro que o buraco desta crise é muito mais embaixo. Se formos mais a fundo, veremos que ela está longe de ter acabado. Ainda ouviremos falar muito de crise nos próximos anos. Mas o que nos interessa aqui é que, depois de 2008, os investimentos na construção civil caíram brutalmente no mundo todo. Os bancos deixaram de oferecer crédito e, sem crédito, nem as empresas capitalistas produzem, nem os trabalhadores compram.

O que isso tem a ver com o Minha Casa Minha Vida? Ora, por estas razões, 2009 caminhava para ser um ano com poucos lucros – provavelmente com prejuízos e até falências – para grandes empreiteiras do Brasil. E neste ponto chegamos ao grande fator que motivou a proposta do Minha Casa Minha Vida pelo governo federal.

O programa foi desenvolvido com o objetivo central de salvar o capital imobiliário, injetando, em sua primeira fase, R$ 34 bilhões em recursos públicos na iniciativa privada. Neste ponto deu certo: as empresas do ramo puxaram a alta da Bolsa de Valores de São Paulo em 2009 e atraíram interesses no mundo todo. Hoje, 75% das ações das maiores construtoras do país estão nas mãos de investidores estrangeiros.

Assim, as empreiteiras receberam o presente de R$ 34 bilhões para aliviar sua crise. O sistema é simples: o governo dá o dinheiro, a empreiteira constrói e o governo apresenta os compradores. Ou seja, não há nenhum risco para o capitalista nem necessidade de gastos com a venda – corretores, propaganda etc. E tudo com dinheiro público.

Mas alguns companheiros poderiam questionar: mesmo que favoreça as empreiteiras, está construindo moradia para quem precisa e resolvendo o déficit habitacional, não é? Isso foi o que afirmou o então presidente Lula, ao falar que o Minha Casa Minha Vida representava uma "reconciliação entre o capital e o trabalho" – ou seja, atenderia aos interesses de todos, sem conflitos.

O problema é que, como dizia o jornalista Joelmir Beting, na prática a teoria é outra. Na verdade, ao definir como meta central atender os interesses do capital, o programa manteve a mesma lógica que vimos no caso do BNH. Cerca 75% dos recursos e 60% das habitações do programa foram destinados a famílias com renda maior do que três salários mínimos, exatamente porque – em se tratando de imóveis mais caros – as empreiteiras ganham mais.

Apenas 40% das moradias da primeira fase do programa são para famílias com renda menor do que três salários mínimos, o que representa menos de 10% do déficit habitacional nesta faixa de renda. É um filão que interessa menos às construtoras.

Além disso, ao deixar nas mãos das empresas todo o processo de projeto e construção, surgiram as piores aberrações. Os conjuntos habitacionais são construídos em regiões muito periféricas, com pouca infraestrutura, já que os terrenos aí custam menos para as empreiteiras. A qualidade e tamanho das moradias são também os piores possíveis. Para as famílias com menos de três salários, o parâmetro do tamanho das casas é de 39 metros quadrados. São as conhecidas "caixas de fósforo" populares.

Por outro lado, é fato que o programa representou um avanço importante em relação à quantidade de subsídio para a aquisição da casa, especialmente para famílias com menos de três salários: um volume de subsídios expressivo e inédito. Mas isso, como vimos, se combina com localização ruim, qualidade precária e quantidade muito insuficiente de moradias para os mais pobres.

Lula não conseguiu conciliar o capital com o trabalho. Assim como nem o mais hábil desenhista pode fazer um círculo quadrado. Mas conseguiu outra conciliação, a que realmente pretendia com o programa: conciliou a garantia de impressionantes doações de campanha das empreiteiras para sua sucessora nas eleições de 2010, com milhões de votos de trabalhadores, que acreditaram na propaganda de que seria sua vez de morar dignamente.

Os impasses de Dilma

A presidenta Dilma Rousseff anunciou em seu discurso de posse, em 2015, a meta de financiar três milhões de moradias populares na nova etapa do programa Minha Casa Minha Vida. Até aí nada de novo. O anúncio do Minha

Casa Minha Vida 3 já havia sido feito seis meses antes, em julho de 2014, com a mesma meta.

As questões são: quando, como e onde?

Quando serão liberados pelo Tesouro para a Caixa Econômica Federal os aportes da terceira etapa é uma incógnita. Principalmente pelas atitudes de uma equipe econômica que só sinaliza arrocho e nada de investimentos.[2]

A meta de corte de R$ 66 bilhões apresentada pelo ministro da Fazenda, Joaquim Levy, para o "sagrado" superávit primário não é algo sem consequências. Corresponde a quase um milhão de moradias populares na faixa 1 do programa.

Sem mencionar o fato de que obras da segunda fase do programa tiveram atrasos de pagamento em todo o Brasil no fim de 2014 e muitas continuam atrasadas.

Neste cenário é difícil dizer quando a nova meta de moradias passará do discurso à realização.

Outra questão é como será o desenho do programa em sua terceira fase.

As duas primeiras etapas do Minha Casa Minha Vida tiveram pontos importantes: subsídio maciço para as famílias com renda inferior a R$ 1.600 (faixa 1), que não se enquadram nas regras do crédito imobiliário, e foco nesta faixa de renda a partir da segunda etapa, passando a representar 52% do total das moradias entregues.

Mas também tiveram vícios que tornam indisfarçável o objetivo-mestre do programa: injetar liquidez no setor da construção civil.

---

2 No início de agosto de 2015, o governo federal agendou o lançamento da terceira fase do Minha Casa Minha Vida para 10 de setembro. Mas o lançamento efetivo da nova etapa do programa permanece em xeque, uma vez que o empenho de recursos só deverá ocorrer em 2016. E, ainda assim, não é certo que o ajuste fiscal permitirá.

O tamanho das moradias é um deles. A Caixa Econômica Federal paga às construtoras um valor fixo por cada unidade habitacional, que nas regiões metropolitanas é de R$ 76 mil para a faixa 1. E estabelece um mínimo de 39 metros quadrados para a casa. Se a empresa construir 39 metros quadrados receberá os R$ 76 mil, se fizer 60 metros quadrados receberá os mesmos R$ 76 mil.

Não é preciso conhecer muito a lógica de mercado para compreender que este mecanismo estimula casas menores. O tamanho e a qualidade são sacrificados para o aumento do lucro das empresas.

O MTST apresentou à presidenta uma proposta para estimular a construção de moradias maiores no Minha Casa Minha Vida 3, estabelecendo valores variáveis conforme o tamanho das moradias, além do aumento no tamanho mínimo. Isso significaria um maior controle da margem de lucro das empresas e um ganho importante para a qualidade das moradias.

Outro ponto – que toca no mesmo problema da lógica empresarial – é a gestão dos empreendimentos. A gestão direta do projeto e da obra pelos futuros beneficiários demonstrou potenciais indiscutíveis.

A modalidade Entidades do programa é a responsável pelos maiores e melhores apartamentos, com os mesmos valores pagos às construtoras. A matemática é simples: o que seria destinado ao lucro é convertido na própria obra. No entanto, esta modalidade representou até aqui menos de 2% das moradias contratadas. Recebe menos recursos e sofre travas burocráticas dignas de um romance kafkiano.

Embora seja o maior programa de habitação popular da história do Brasil, o Minha Casa Minha Vida reproduz o modelo da cidade do *apartheid*. A dinâmica imobiliária sempre empurrou os mais pobres para as periferias. Ao invés de fazer o contraponto, o programa tem reforçado esse movimento excludente.

Quem define os terrenos que serão disponibilizados são as construtoras. E tal como no caso do tamanho, a Caixa paga um valor fixo independente da localização. O resultado é previsível: as construtoras usam os seus piores terrenos. Proliferam condomínios-guetos nos fundões urbanos.

Enfrentar este problema significa inserir o Minha Casa Minha Vida numa política urbana mais ampla: controlar a especulação imobiliária, fazendo valer o Estatuto das Cidades e taxando progressivamente áreas ociosas e subutilizadas; e desenvolver uma política nacional de desapropriação de terrenos e edifícios urbanos ociosos, especialmente nas regiões centrais. Enfim, estimular a construção de moradias populares em regiões com maior infraestrutura, serviços e oferta de emprego.

Aliás, a especulação imobiliária sabota os próprios efeitos quantitativos do programa. Mesmo com o Minha Casa Minha Vida, o déficit habitacional cresce de forma consistente nas principais metrópoles do país. O ritmo de produção de novos sem-teto – pelo aumento de valor dos aluguéis – é maior que o de construção de novas casas.

O Minha Casa Minha Vida 3 está diante deste dilema. Ou se confirma como um programa de estímulo econômico à construção civil e aprofunda a crise urbana. Ou enfrenta com coragem o problema habitacional através de uma política de reforma urbana com participação popular. Tudo indica, pelas movimentações do governo Dilma, que esta decisão já está tomada. E será mais do mesmo para atender ao setor imobiliário.

Em conclusão, vemos que, até agora, o Minha Casa Minha Vida aprofundou, ao invés de combater, a lógica da moradia como uma mercadoria, que deve dar lucro, e não como um direito. Aprofundou também o princípio de que pobre deve morar mal e em regiões cada vez mais periféricas.

Esta análise nos leva ainda a outra conclusão: não basta simplesmente construir conjuntos habitacionais. Mesmo aumentando o recurso do programa para famílias mais pobres, como ocorreu na segunda fase do Minha Casa Minha Vida, permaneceram grandes obstáculos. Enquanto não se combater a especulação imobiliária, que faz valorizar artificialmente o preço dos terrenos e, assim, joga os mais pobres para mais longe, e se garantir outras condições básicas de vida (infraestrutura, serviços, lazer etc.), não se pode falar em moradia digna. E isto exige uma transformação profunda na lógica de cidade.

CAPÍTULO 2

QUE CIDADE É ESSA?

A vida nas grandes cidades brasileiras costuma ser definida por termos mais ou menos comuns: "caos", "violência", "congestionamento", "falta de planejamento", "contraste social" e por aí vai.

De fato, as chamadas metrópoles – no Brasil e em outras partes do mundo – tornaram-se símbolos do desenvolvimento caótico e da desigualdade social. O "caos" está por toda parte: na quantidade de automóveis, que cada vez se movem menos em meio a tanto congestionamento; na violência característica da barbárie, que opõe na maioria dos casos pobres contra pobres; no crescimento populacional urbano sem limites, que transformou, por exemplo, a Região Metropolitana de São Paulo num amontoado de mais de 20 milhões de habitantes. São muitos os sintomas do "caos".

Mas é preciso lembrar que este caos obedece a uma lógica, embora seja uma lógica profundamente irracional e voltada aos interesses de uma minoria.

Ao conhecermos um pouco sobre como as cidades chegaram a ser o que são hoje, vemos melhor quem ganha e quem perde com o "caos".

Como as cidades se desenvolveram?

Há mais ou menos 70 anos, em 1940, as duas maiores cidades brasileiras (São Paulo e Rio de Janeiro) tinham pouco mais que um milhão de habitantes. A maior parte da população ainda vivia no campo, e a industrialização

– que foi o que atraiu milhões de trabalhadores para as cidades – ainda estava em seu início.

Os trabalhadores urbanos já viviam mal: em cortiços, cômodos de aluguel e nas chamadas vilas operárias, que eram conjuntos de casas que as empresas "ofereciam" aos empregados (que, na verdade, pagavam por elas com parte de seu salário).

Já naquela época os trabalhadores lutavam por melhores condições de moradia. A primeira grande mobilização ocorreu entre 1917 e 1919, com a formação da Liga dos Inquilinos contra despejos e o valor dos aluguéis. Os sem-teto buscaram organizar uma greve de aluguéis. Entre 1945 e 1947, também ocorreram grandes movimentos, em especial em São Paulo e no Rio de Janeiro, com as mesmas reivindicações.

Mas naquele período havia uma grande diferença em relação à cidade de hoje. A periferia praticamente não existia. Os trabalhadores moravam em bairros centrais, próximos do local de trabalho e também próximos das casas dos ricos.

Com o crescimento da população, a burguesia desenvolveu um projeto para matar dois coelhos numa paulada só: jogando os trabalhadores para regiões distantes, eles tiraram os pobres do seu convívio e ainda criaram um negócio milionário. Como se deu isso?

Veremos este processo a partir do exemplo de São Paulo, sobre o qual foram feitos importantes estudos, como os de Lucio Kowarick, Raquel Rolnik e Eder Sader. De todo modo, o processo de formação da periferia em São Paulo tem muitas semelhanças com o de outras grandes cidades do Brasil e da América Latina.

Como vimos anteriormente, até 1940 os trabalhadores moravam nos bairros centrais. A periferia não existia. Eram chácaras e fazendas, só mato. Nesta época, cerca de 75% dos imóveis de São Paulo eram habitados por inquilinos, isto é, casas de aluguel, nos bairros centrais da cidade.

Então, os grandes proprietários de terrenos e casas entraram em ação. Com o apoio do governo, fizeram o que chamaram de uma "limpeza" no centro: demoliram cortiços, despejaram favelas e aumentaram o valor dos aluguéis, que se tornou inviável para maior parte dos trabalhadores. Ao mesmo tempo, abriram loteamentos clandestinos em áreas distantes – onde não havia nada – para vender lotes aos trabalhadores.

Sem alternativas, os trabalhadores compravam estes lotes, tendo ainda que usar os finais de semana para construir suas casas com as próprias mãos. Tanto para comprar o lote como para construir, muitos tinham que se endividar. Além disso, foram jogados em lugares com infraestrutura precária, sem água, eletricidade ou asfalto, e sem qualquer serviço público, como saúde, creche, escola etc.

Para possibilitar que os trabalhadores chegassem ao trabalho, o governo – que deixava os proprietários e loteadores agirem livremente – trazia infraestrutura básica, como estradas e linhas de ônibus. Afinal, os patrões precisavam ter seus empregados na empresa, para explorá-los e lucrar.

Mas o "melhor" ainda estava por vir. Os proprietários utilizaram uma malandragem que os fez ganhar ainda mais. Ao abrir os novos loteamentos, deixavam sempre uma grande área vazia, entre o local do loteamento e o centro da cidade. Grandes pedaços de terra, no meio do caminho, que ficavam ali, sem ser loteados.

Por exemplo: faziam um loteamento onde hoje é o Campo Limpo, na zona sul de São Paulo. E deixavam imensas áreas vazias no Butantã, Vila Sônia, Morumbi e outros bairros que ligam o centro ao Campo Limpo. Mas por quê?

A resposta veio com o tempo. Depois do loteamento clandestino, o governo – pressionado pelos proprietários – levava uma estrada, uma linha de ônibus, rede de água e de energia elétrica até a região. Mas, para que toda esta estrutura chegasse até o bairro mais distante, precisaria passar pelos bairros que estão no caminho. Isto é, a estrada que vai ao Campo Limpo passa pelo Butantã, assim como a rede de água e eletricidade.

E daí? Ora, com todos estes benefícios, os terrenos deixados vazios no meio do caminho se valorizavam muito e os proprietários podiam loteá-los a um preço muito maior. O nome desta malandragem é especulação imobiliária. Os especuladores deixavam e ainda deixam os terrenos vazios, esperando o melhor momento para vendê-los a preços elevados. Enquanto isso, os trabalhadores são jogados ao sofrimento em regiões distantes e sem nada. Assim formaram-se as periferias urbanas. Quem ganhou e quem perdeu com isso?

Os donos de terra, especuladores e loteadores ganharam de três maneiras principais:

- Venda de lotes: os proprietários, muitas vezes grileiros de terras públicas, pegavam grandes áreas que eram rurais e loteavam como terreno urbano, que tem um valor muito mais alto. Assim, transformaram terra em ouro e ganharam milhões em cima das suadas economias dos trabalhadores.
- Valorização de terrenos intermediários: as áreas que ficavam no meio do caminho dos novos loteamentos foram vendidas mais tarde a preços inacreditáveis.

Exatamente por isso não puderam ser habitadas por trabalhadores. São os chamados bairros de classe média ou da própria burguesia.

Valorização das áreas centrais: ao tirar os pobres e demolir as casas mais antigas e precárias das regiões centrais da cidade, o valor dos imóveis destes bairros subiu muito. O trabalhador deixou de poder pagar um aluguel no centro, que virou propriedade exclusiva dos ricos.

Nesta história toda, os trabalhadores só perderam. Foram expulsos das melhores áreas, jogados em regiões sem estrutura e distantes do local de trabalho. A partir daí começou a se definir de modo claro a separação entre a cidade dos ricos e a cidade dos pobres. De um lado, os bairros centrais, de outro, a periferia.

A especulação imobiliária hoje

Quem pensa que essa história acabou e que hoje a situação é outra está muito enganado. Daquele período pra cá, o problema só se agravou, e a especulação imobiliária se tornou ainda mais forte. E o que é pior: tem cada vez mais o apoio do Estado, que deveria garantir condições de vida digna aos trabalhadores urbanos.

Não precisa de muito discurso para saber que os pobres continuam morando nas periferias. E em periferias cada vez mais distantes. Basta ter olhos pra ver. Retomando o exemplo de São Paulo: os loteamentos clandestinos da década de 1970 ocorreram em bairros como o Campo Limpo. Hoje, o Campo Limpo vem se tornando um bairro mais caro e os trabalhadores estão sendo jogados para outras cidades: Taboão da Serra, Embu, Itapecerica da Serra e sabe-se lá aonde mais. O mesmo ocorreu na zona leste da cidade, com bairros como Vila Matilde, Penha e, atualmente, Itaquera. A especulação leva as periferias para ainda mais longe.

O fato é que o capital imobiliário, os donos de terra e as grandes construtoras nunca foram tão poderosos no Brasil como nos dias de hoje. Basta observarmos os dados da valorização dos imóveis nas grandes cidades e do crescimento dos empreendimentos imobiliários em todo país. São dados que tomamos das próprias instituições do mercado imobiliário, como o Conselho Regional dos Corretores de Imóveis (Creci) e o Sindicato da Habitação e Condomínios (Secovi), além do Índice Fipe Zap de Preços de Imóveis Anunciados.

Tomemos o caso da capital federal. Brasília tem liderado as pesquisas de valorização da terra e dos imóveis nas cidades brasileiras. Em 2007, quem pretendia comprar uma casa na Asa Norte, bairro valorizado da capital, pagava nada menos que R$ 4.000 por metro quadrado. Muito caro, não é? Para os especuladores, não. Em 2010, este valor já havia subido para mais de R$ 9.000 por metro quadrado. Mais que o dobro, em três anos.

No Rio de Janeiro, a situação não é diferente. Um apartamento no Leblon ou em Ipanema não sai por menos que R$ 16.950 por metro quadrado. Para que se tenha uma ideia do que isso significa, quase 60 mil cariocas tornaram-se milionários – isto é, passaram a ter patrimônio de mais de R$ 1 milhão – simplesmente por possuírem imóveis em regiões valorizadas. Não precisamos pensar muito para saber que estes novos milionários não vivem na Rocinha ou nos bairros pobres da zona oeste da cidade.

Em São Paulo, os números são assustadores. Uma casa localizada no Jardim Europa pode ser vendida a R$ 17.900

por metro quadrado. Mais: o valor médio do aluguel na cidade cresceu 146% só em 2010. E esta valorização não atinge apenas bairros da elite, como o Jardim Europa. O metro quadrado em Perus está em R$ 4.540. No Campo Limpo, distrito com maior concentração de favelas da cidade, custa R$ 3.730.

Alguém poderia questionar que esta valorização na periferia é boa para os trabalhadores, que poderiam com isso aumentar seu patrimônio. Mas isso quase nunca é verdade, porque a maior parte das casas em bairros periféricos é irregular, não tem escritura. A valorização, pelo contrário, torna os trabalhadores destas regiões alvo constante de despejos que visam à construção de novos empreendimentos. Sem falar no aumento dos aluguéis, que expulsa os inquilinos para regiões ainda mais distantes.

As cidades são um grande negócio para os capitalistas. Sem pensar em quem está no caminho a burguesia investe e lucra com o espaço de vida de 85% dos brasileiros. O investimento imobiliário em São Paulo chegou a atingir até 270% de valorização em 2010, rentabilidade maior que qualquer aplicação financeira do país. Como no período de formação das periferias, que já vimos, ganham com a especulação aqueles que já têm muito. E perdem os trabalhadores.

Citamos três grandes cidades brasileiras. Mas esta realidade pode ser vista em todos os centros urbanos do país. Poderíamos citar Belo Horizonte, Recife ou Salvador, que tiveram uma valorização igualmente absurda. Isto se mostra numa pesquisa feita pelo instituto Global Property Guide, que apontou o Brasil como o líder mundial da especulação imobiliária em 2010, com uma média de 33,5% de valorização. Não é por acaso que nosso país está também entre os líderes mundiais da desigualdade social.

Este monte de números serve para mostrar que os donos de terra e empreiteiros nunca ganharam tanto. Mas paremos um pouco para entender como isso ocorre e as consequências desta situação.

A aliança entre Estado e capital imobiliário

Como se deu este crescimento tão grande dos empreendimentos imobiliários no Brasil nos últimos anos? De onde vem tanto dinheiro? Como pode um pedaço de terra que era vendido por dez passar a valer vinte no outro dia? Será mágica?

Vamos analisar estas questões.

O crescimento do mercado imobiliário e da especulação tem vários motivos. Um deles é o crescimento do crédito, o aumento dos financiamentos para que a classe média possa comprar imóveis. Se, por um lado, isso pode ser visto como algo bom – por possibilitar a uma parte dos trabalhadores o acesso a mais produtos –, por outro lado cria um endividamento eterno, com prestações a serem pagas até o fim da vida. Vimos o que aconteceu nos Estados Unidos: os trabalhadores financiaram casas, não conseguiram arcar com as dívidas e acabaram despejados e sem teto.

Outro motivo desta explosão especulativa foi a concentração das empresas imobiliárias em pouquíssimas mãos. Nos últimos anos, várias construtoras se fundiram, criando um monopólio. As grandes construtoras, muitas delas controladas já por capital estrangeiro, ao venderem ações na Bolsa de Valores, tiveram condições financeiras de comprar muita terra nas cidades brasileiras. Boa parte das áreas urbanas vazias pertence, hoje, a essas poucas empresas.

Tendo o controle das terras, tornaram-se ao mesmo tempo construtores e especuladores. Passaram a ganhar duplamente: na valorização especulativa dos terrenos e na construção dos imóveis. Puderam impor livremente seus preços.

Mas nenhum destes fatores teria sido possível sem a principal razão da força do capital imobiliário no país: sua aliança com o Estado brasileiro, em todos os níveis, desde as prefeituras e câmaras de vereadores até o governo federal.

Esta aliança não é nova. Os donos de terra sempre tiveram muito poder na política brasileira. É só lembrar dos coronéis latifundiários, no campo, ou da forma como cresceram as cidades. Na formação das periferias, o papel do Estado foi decisivo, tanto ao permitir os loteamentos clandestinos quanto ao levar, sob medida, a infraestrutura que valorizou as áreas dos especuladores.

De lá pra cá, esta aliança só se fortaleceu. Os donos de terra e grandes empreiteiros construíram com os políticos que governam o Estado um esquema em que todos ganham - menos, é claro, o povo trabalhador. Funciona assim: os políticos precisam de dinheiro para financiar suas milionárias campanhas eleitorais e permanecer no poder. Os empreiteiros precisam de favores dos governos para lucrar mais e mais. Fácil de resolver. Os empreiteiros financiam as campanhas eleitorais, e os políticos, ao se elegerem, devolvem o presente, com todos os favores que o capital imobiliário precisa. Que favores são esses? Vamos listar apenas alguns principais:

- Dar dinheiro público aos empreiteiros: a contratação de obras públicas (rodovias, pontes, avenidas, casas etc.), muitas vezes superfaturadas, é uma festa para as empreiteiras. Ganham demais com isso. Vimos que o Minha Casa Minha Vida despejou de uma vez só R$ 33 bilhões na mão de construtoras.

- Levar infraestrutura para áreas da especulação: neste método, bastante conhecido, o Estado leva uma série de melhorias para regiões onde os grandes empreiteiros (que financiaram a campanha do governante) têm terrenos. Assim, estes terrenos se valorizam e garantem lucros maiores.
- Despejos e remoções de comunidades: quando os trabalhadores insistem em morar em lugares valorizados, através de ocupações antigas, os capitalistas pressionam o Estado para despejar a comunidade. Sempre que consegue vencer a resistência dos moradores, o Estado despeja. E, quando muito, oferece conjuntos habitacionais nas áreas mais periféricas. Logo após o despejo, frequentemente começam a ser erguidas torres de condomínios luxuosos na região.
- Mudanças na legislação: existem no Brasil leis que regulam o uso do solo urbano, como o Estatuto das Cidades e os Planos Diretores. Quando estas leis entram em conflito com o interesse do capital são frequentemente "ajustadas". Um terreno destinado para moradia popular vira, do dia pra noite, área comercial ou residencial de alto padrão, conforme o interesse em jogo.

Assim, os governantes mostram que sabem retribuir favores. Até porque haverá sempre a próxima eleição. E, para garantir seus interesses, os empreiteiros não brincam em serviço. São, de longe, os maiores financiadores de campanhas eleitorais do país, segundo dados do Tribunal Superior Eleitoral.

É assustador: mais da metade (54%) dos deputados federais e senadores eleitos em 2010 recebeu "doações" de grandes construtoras. As mais "generosas" foram a Camargo Corrêa, que triplicou suas "doações" em relação a 2006, chegando a R$ 80 milhões; e a Andrade Gutierrez, com R$ 58 milhões. As grandes empreiteiras, sozinhas, representaram 25% de todos os gastos com campanha eleitoral no Brasil em 2010. E isto só em doações registradas, sem contar o famoso e gordo caixa dois.

Para não ter risco de perder, financiam todos os lados da disputa. Em 2010, foram elas as maiores "doadoras" tanto da campanha presidencial de Dilma Rousseff (PT) como da de seu adversário, José Serra (PSDB). Em 2014 foi igual: as empreiteiras – e outras grandes empresas – destinaram vultosas somas de dinheiro tanto para a candidata à reeleição, Dilma Rousseff, como para seu maior oponente, Aécio Neves (PSDB). De acordo com o Tribunal Superior Eleitoral, a campanha da petista recebeu um valor total de R$ 350 milhões. A do tucano ficou com R$ 226 milhões.

A prestação de contas enviada à corte eleitoral revela que as maiores empreiteiras do país – Odebrecht, Andrade Gutierrez, Camargo Corrêa, OAS e Queiroz Galvão – desembolsaram pelo menos R$ 52 milhões entre vários candidatos que concorreram aos cargos em disputa nas eleições de 2014.

Além de destinar aos candidatos generosas doações durante as campanhas, as construtoras são também as principais financiadoras dos partidos fora dos anos eleitorais. De 2010 a 2013, por exemplo, transferiram R$ 374 milhões aos grupos políticos nacionais.

Essa distribuição de dinheiro é importante, tanto do ponto de vista econômico quanto político. Se o fiel doador, com seu dízimo, garante o paraíso no céu, o doador de campanhas eleitorais garante o paraíso na Terra, aqui e agora. Não interessa o partido, apenas a "gratidão" de quem ganhar.

E este retorno é sempre certo. Houve um caso escandaloso, em 2011, de uma empreiteira de Maringá, no oeste do Paraná, que aumentou em doze vezes seus contratos com o governo federal após ter feito generosas doações a políticos que vieram a ocupar cargos importantes no governo. Doze vezes.

Isso sem falar na operação Lava Jato, deflagrada pela Polícia Federal em 2014, que está demonstrando as relações promíscuas entre o grande capital, empresas públicas, políticos e governos. As empreiteiras são as maiores investigadas – só as que estão envolvidas ilegalmente em megaprojetos da Petrobras "doaram" cerca de R$ 200 milhões para candidatos nas eleições de 2014.

Não podemos esquecer que essas retribuições são feitas sempre com dinheiro público.

Assim, tendo políticos a favor de seus interesses e terras vazias nas mãos, os especuladores e empreiteiros tornam-se os verdadeiros donos das cidades. Abocanham dinheiro público, mudam leis, determinam despejos e lucram sem qualquer limite. Moldam a cidade a seu bel-prazer e prejudicam os trabalhadores em nome do lucro. Esta é a cidade em que vivemos.

Cidade do Capital

A consequência de tudo isto é um modelo de cidade profundamente desigual e opressor. É a Cidade do Capital. Muitos estudiosos críticos pensaram e escreveram sobre a forma como o capitalismo desenvolveu as cidades. Por isso, vamos apontar aqui somente uma das características fundamentais deste modelo urbano: a segregação, causada pelo domínio dos interesses privados.

A Cidade do Capital é segregada. Palavra difícil, mas que todo trabalhador urbano já viveu na pele. "Segregada" quer dizer separada, dividida. Quantos trabalhadores já não sofreram abordagens humilhantes da polícia ao estarem em bairros ricos? Quantas vezes não vimos, no noticiário, moradores de rua sendo espancados ou mortos no centro de alguma cidade? O nome disso é segregação.

É como se na cidade existissem duas cidades: a dos ricos e a dos pobres. E cada vez mais separadas. Já vimos como a especulação imobiliária fez surgir as periferias. As periferias são, para eles, verdadeiros depósitos de pobres. O que a burguesia sempre quis, e hoje as cidades permitem, é que os pobres se matem entre si, longe dos olhos deles e sem incomodá-los.

Para isso constroem muros. Já se espalharam por todas as grandes cidades brasileiras os tais "condomínios fechados", que são torres de apartamentos luxuosos, cercadas por altos muros, com cerca elétrica e seguranças armados. Ali pobre só entra pelo elevador de serviço e sempre muito vigiado pelas câmeras de monitoramento.

No Rio de Janeiro, o governo criou um sistema de segregação ainda mais escancarado. Passou a erguer muros em torno das favelas, sem a autorização dos moradores, separando-os do resto da cidade. Tática que faz lembrar os campos de concentração construídos pelos nazistas no século passado.

Em Curitiba, um shopping center entrou na Justiça para poder barrar a entrada de jovens da periferia vestidos no estilo hip hop. O argumento dos empresários era que os jovens poderiam "constranger" os clientes. Este tipo de situação ocorre todos os dias, ainda que sem ordem judicial, em vários shoppings e mercados do país. Milhares de jovens da periferia de São Paulo realizaram no início de

2014 encontros em shoppings, os chamados "rolezinhos", que acabaram escancarando o problema.

Em São Paulo, o governo do prefeito José Serra construiu na região da famosa Avenida Paulista, em 2005, as "rampas antimendigo". São rampas de concreto, no meio da calçada, para evitar que moradores de rua possam dormir embaixo do viaduto. Na mesma linha, vários condomínios de bairros burgueses criaram a "lixeira anticatador", fechando com cadeados as lixeiras de suas calçadas, para evitar que os trabalhadores da reciclagem circulem em suas ruas.

No início de 2012, comerciantes e moradores de um bairro da classe média paulistana organizaram um abaixo-assinado para tentar impedir a instalação de um albergue da prefeitura nas redondezas. Pouco tempo antes, um grupo de moradores de Higienópolis, o bairro da burguesia tradicional de São Paulo, havia pressionado o governo para impedir a instalação de uma estação de metrô na região. A alegação era que o metrô traria "gente diferenciada" (isto é, trabalhadores) para seu convívio.

Estas ações segregadoras não são exceção. Representam a lógica nua e crua da Cidade do Capital: as cidades devem servir para dar lucro, mesmo que seja à custa de imensas perdas sociais para a maioria dos seus habitantes.

O capitalismo transforma tudo em mercadoria, inclusive o espaço em que as pessoas vivem. Como segregar valoriza, eles segregam. O interesse privado está acima de tudo e impede que, nesta lógica social, a organização do espaço seja racional e igualitária. Acaba por produzir as cidades caóticas em que vivemos.

Tomemos o exemplo do "trânsito caótico" das metrópoles, que é assunto diário dos jornais. A cada dia se bate um novo recorde de congestionamento. Todos reclamam, mas poucos se perguntam o por quê. Em São Paulo, o número de automóveis da Região Metropolitana atingiu em 2012 a marca de 8,6 milhões. No Rio de Janeiro, chegou a três milhões. De 2003 a 2013, a frota de carros no Brasil duplicou. Foram mais automóveis zero km do que pessoas nascidas no país: média 12 mil carros novos por dia nas ruas brasileiras. E as ruas permaneceram as mesmas.

Ora, como se espera que as ruas estejam livres? Por mais avenidas, túneis e pontes que façam, não resolverão a situação. O motivo é evidente: as grandes montadoras querem vender mais e mais carros. Lucram com o aumento do congestionamento, até porque seus executivos têm helicópteros. E para atender aos grandes empresários do ramo, o Estado deixa de investir verdadeiramente em transporte público – especialmente trens e metrô, que seriam a solução real para os congestionamentos.

É mais uma vez o interesse privado na frente do interesse social. E mais uma vez o Estado a serviço dos capitalistas. O papel do Estado na conservação de uma cidade segregada é fundamental. Basta analisarmos a diferença no fornecimento de serviços públicos no centro e nas periferias.

Já vimos alguns dados sobre essa questão no capítulo 1. Vejamos outros mais agora. Em Belém, 69% das famílias que vivem com menos que três salários mínimos, moradores das periferias, não têm fornecimento adequado de serviços (água, esgoto, energia elétrica, coleta de lixo etc.). O mesmo não ocorre nos bairros onde vivem aqueles que têm renda maior que dez salários – neste caso, o número é de 5%. Em Fortaleza, essa diferença é de 77% e 3%. Em

Belo Horizonte, de 67% e 2%. E assim por diante em todas as cidades brasileiras.

A Prefeitura de São Paulo disponibiliza alguns mapas que dispensam qualquer comentário. Vejam a seguir a diferença entre coleta adequada de lixo no centro e na periferia da cidade:

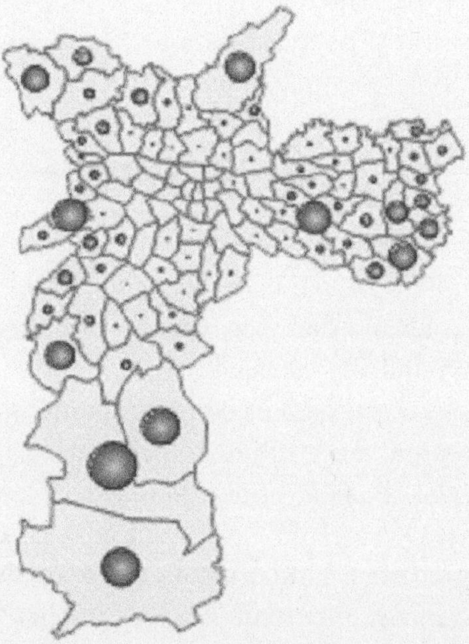

As bolas maiores do mapa mostram as regiões onde o serviço é mais precário.

Este outro mapa (página 67) mostra as regiões onde há maior carência de creches na cidade. As regiões mais escuras mostram onde falta muito. As mais claras, onde quase não falta.

Demanda por creche e pré-escola na rede municipal - 2006

Creche: 84.408 crianças não atendidas

Pré-escola: 48.506 crianças não atendidas

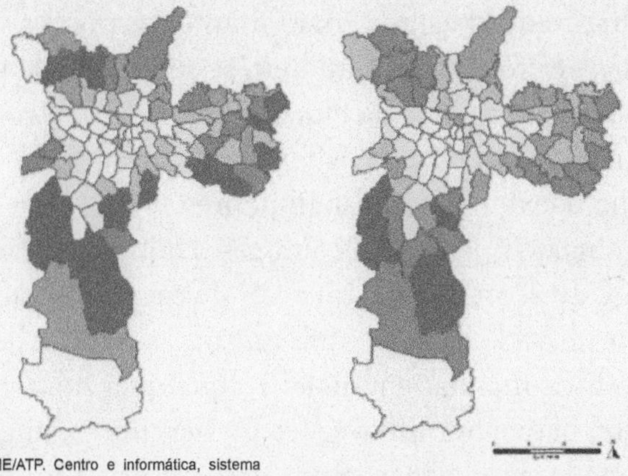

Fonte: SME/ATP. Centro e informática, sistema Bol. Jul.2006

A própria política habitacional dos governos – como já vimos no caso do Minha Casa Minha Vida – acentua esta segregação. A lógica é despejar os mais pobres que ainda vivem em regiões valorizadas e jogá-los em conjuntos habitacionais no "fundão" das cidades. Este último mapa mostra a localização dos conjuntos da Companhia Habitacional de Desenvolvimento Urbano (CDHU) e da Cohab na cidade de São Paulo:

Conjunto COHAB

Conjunto CDHU

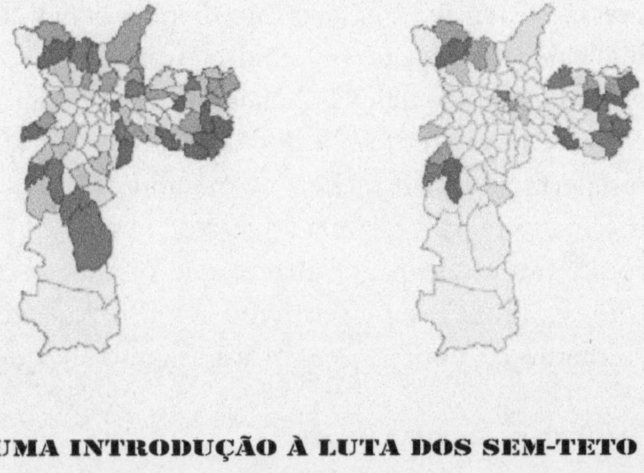

As regiões mais escuras, é claro, são aquelas em que foram construídos empreendimentos para os trabalhadores.

Como se não bastasse, para manter os pobres sob controle nas periferias, o Estado tem se servido cada vez mais de uma gestão militar da cidade. O único serviço público que funciona "bem" na periferia é a polícia, para oprimir, humilhar e exterminar trabalhadores.

Nos bairros periféricos, em especial nas favelas, a polícia age de acordo com uma "lei de exceção", um "estado de sítio": invade as casas que julgam "suspeitas", sem necessidade de mandado judicial e a qualquer hora do dia ou da noite; bate e humilha, antes de perguntar; julga e executa a pena de morte, sempre que quiser e sem qualquer punição. Os jovens e negros são as principais vítimas dos abusos e do extermínio policial. É a mesma polícia que diz "Sim, senhor" ao arrogante filho de banqueiro do outro lado do muro.

Quando a polícia não dá conta, chamam o Exército, como no caso do Rio de Janeiro. Para eles, a favela é um território inimigo, contra o qual têm de fazer guerra. Assim, os tanques entraram no Complexo do Alemão, em 2011. O objetivo foi implantar as famosas Unidades de Polícia Pacificadora (UPP), que mostraram ser uma forma de repressão ostensiva e extermínio de pobres nas comunidades. Vale lembrar que o pedreiro Amarildo de Souza foi torturado e morto pelos policiais da UPP da Rocinha.

Foi também no Complexo do Alemão que em 2007 a polícia exterminou pelo menos 19 moradores numa ação militar. Um dos mortos foi uma criança de 13 anos de idade.

Depois, vão à televisão e dizem que os mortos eram "traficantes". Pronto, está resolvido. O Estado extermina livremente os pobres, com o argumento de que são "bandidos", "traficantes" ou qualquer outra coisa mais. A burguesia aplaude, a mídia fala bem e uma parte dos trabalhadores fica confusa, sem perceber que o próximo pode ser ele.

Foi o que ocorreu num bairro da periferia de Osasco, na Região Metropolitana de São Paulo, em setembro de 2011. Um trabalhador teve sua casa invadida pela Rota, tropa de elite da Polícia Militar, e foi executado porque pensaram que fosse um bandido. Um parente seu, após o assassinato, declarou na televisão que ele admirava e defendia a Rota. Até que chegou o dia em que foi morto por ela.

Esta é a segregação da Cidade do Capital. É uma segregação de classe: ricos e pobres, cada um de um lado. Para uns, a cidade dos shoppings, dos condomínios fechados e das belas avenidas. Para outros, a cidade da polícia violenta, das moradias precárias, onde falta tudo.

MTST
A luta e
pra valer

CAPÍTULO 3

AS OCUPAÇÕES URBANAS

Apesar da gravidade do problema da moradia no Brasil e da privatização das cidades pelo capital, as ocupações de terrenos e prédios vazios ainda são tratadas de modo muito negativo. Não só pelos proprietários, o que já era de se esperar, mas também por uma parte dos próprios trabalhadores.

É muito comum, quando acontece uma ocupação, ouvirmos frases como: "Sou contra tomar o que é dos outros!", "Tem que trabalhar para comprar sua casa!" ou "Isso é roubo, vandalismo!". Desta forma, até mesmo trabalhadores de bairros pobres, às vezes vizinhos das ocupações, deixam de defender os sem-teto em luta por moradia e dignidade.

Invadir o que é dos outros?

Certa ocasião, quando o Movimento dos Trabalhadores Sem Teto ocupou uma grande área na periferia de São Paulo, um trabalhador vizinho do terreno me disse o seguinte: "Não acho certo o que vocês estão fazendo. Eu trabalhei muitos anos para conseguir um lote e erguer minha casa. Você acharia justo que, depois disso, viessem e invadissem meu lote e me tirassem daqui? É a mesma coisa".

Vamos tentar dialogar com o que disse este companheiro. Será que é a mesma coisa ocupar a casa de alguém ou um grande terreno vazio, usado para a especulação imobiliária? Pensamos que não. O trabalhador que, de algum modo, conseguiu ter um terreno ou um apartamento para morar ralou muito pra isso. Foi inclusive vítima do capital imobiliário, que o jogou em bairros distantes e sem serviços públicos e que vendeu lotes desvalorizados, sugando todas as economias de uma vida de trabalho mal pago.

Outra coisa é o especulador, o grande proprietário. Ele herdou terras, muitas vezes terras que eram públicas e foram griladas por sua família. Ou ele próprio foi quem grilou. Ele entra em acerto com os governos, muitas vezes nem imposto paga. Deixa suas terras vazias, esperando a ocasião para vendê-las por preços exorbitantes. Em geral, ele nem sabe o que é trabalho e muitas vezes nunca nem foi nos terrenos que tem.

É bem diferente, não é? Não conheço nenhum caso em que os sem-teto ocuparam o lote ou a casa de um trabalhador. As ocupações de terra, em especial as que são organizadas por movimentos populares, ocorrem em grandes terrenos e prédios abandonados, que o proprietário – muitas vezes uma grande empresa, que tem também vários outros terrenos – utiliza para especular e lucrar.

Alguém poderia questionar: "Mas é dele, ele trabalhou pra comprar, ou os pais dele trabalharam, ele pode fazer o que quiser com sua propriedade!" Vamos voltar no tempo e na história para ver que a situação não é bem essa.

A primeira forma de propriedade privada da terra no Brasil foram as Capitanias Hereditárias. Essas capitanias foram impostas por Portugal, que invadiu nossas terras em 1500. Eram grandes extensões, que foram divididas pelo rei português aos aristocratas da época. O objetivo era levar lucros para Portugal, com extração de metais preciosos e madeira e pela agricultura. Para isso, escravizaram e mataram os povos que viviam há muito tempo por aqui.

As capitanias eram passadas para os herdeiros dos primeiros beneficiados e assim por diante. Os donatários

– que eram os donos das capitanias – podiam repassar as chamadas sesmarias a outros proprietários, isto é, davam a eles o direito de propriedade sobre um pedaço de terra.

Embora os portugueses tenham ido embora há muito tempo e as capitanias não existam mais, a base da propriedade da terra no Brasil tem sua origem aí. As terras, que eram usadas coletivamente pelos povos originários, foram invadidas e privatizadas de acordo com os interesses do governo português e dos grandes ricos da época.

Com a formação das cidades, a situação não foi diferente. As terras foram repassadas e vendidas entre as famílias poderosas, que ainda utilizaram uma malandragem para roubar terras que eram públicas: a grilagem.

A grilagem foi um mecanismo muito usado – e é ainda hoje em algumas regiões do país – para os ricos invadirem e se apropriarem de terras públicas. Funciona assim: produziam uma certidão de propriedade falsificada, atestando que tal família era dona de um grande pedaço de terra; depois, deixavam esta certidão numa caixa com grilos; após algum tempo, retiravam o papel, que tinha um aspecto envelhecido (por conta da ação dos grilos). E, com isso, diziam ser uma certidão muito antiga e verdadeira.

Foi com esta malandragem que muitos proprietários roubaram terras públicas: os mesmos proprietários que denunciam os sem-teto quando ocupam "suas" terras. Dizem que os sem-teto e os sem-terra invadem o que é dos outros. Mas, na verdade, quem invadiu?

Se olharmos a história, veremos que os invasores foram os grandes proprietários. E que, não satisfeitos com o saque às terras públicas, continuam hoje fazendo acordos com os governos para usar mais recursos públicos em seu favor. Quando os sem-teto ou os sem-terra ocupam uma grande área vazia, não estão fazendo mais do que tomar de volta o que é seu.

Por isso, é preciso diferenciar os termos *invasão* e *ocupação*. Invasão foi o que fizeram os portugueses e depois deles os grandes proprietários brasileiros. É grilar e roubar uma terra que é pública e que deveria ter destinação social, em benefício da maioria. Ocupação é algo bem diferente. É retomar a terra dos invasores, para que possa ser utilizada em favor da maioria, dos trabalhadores. É transformar uma área vazia, que só serve para a especulação e lucro de empresários, em moradia digna para quem precisa.

Então, se é assim, por que as ocupações são vistas de forma negativa? Porque muitas vezes os trabalhadores são influenciados por uma visão fabricada pela mídia, que tem horror a qualquer forma de organização e resistência dos mais pobres, apresentando a luta como "baderna", "coisa de vagabundo", "vandalismo". Mídia esta que é controlada por grandes empresários, algumas vezes eles próprios investidores do mercado imobiliário, ou que tem dentre seus clientes e anunciantes as grandes construtoras. Beneficiam-se com este modelo de cidade e por isso buscam desqualificar a luta dos trabalhadores por direitos sociais. Mentem e iludem: defendem os verdadeiros invasores e criminalizam as ocupações de terra.

As discretas invasões da burguesia

Apenas na cidade de São Paulo, as áreas públicas invadidas ou com concessão de uso irregular para a iniciativa privada representam mais de R$ 600 milhões de prejuízo anual para o poder público. A Comissão Parlamentar de Inquérito (CPI) das áreas públicas, realizada na Câmara Municipal de São Paulo, em 2001, mostrou que as 40 maiores invasões privadas representavam na época 731 mil metros quadrados de área. E quem são os invasores?

Comecemos pelo setor de divertimentos. Os clubes Pinheiros, Ipê, Espéria, Paineiras do Morumby e Alto de Pinheiros estão total ou parcialmente em áreas públicas e com cessão de uso irregular. Invadiu, tem que "desinvadir" – como disse certa vez o governador de São Paulo, Geraldo Alckmin, para os sem-teto. Cadê a bomba de gás na piscina do Morumbi?

Ah, sim, isso sem falar no Clube Círculo Militar de São Paulo e no Clube dos Oficiais da Polícia Militar. E aí, quem topa despejar?

E os shoppings, então... Os shoppings Continental, Eldorado e Center Norte invadiram expressamente áreas públicas, especialmente em suas zonas de estacionamento. No caso do Center Norte, o abuso é gritante. A invasão foi legitimada pelo Judiciário, o que, segundo o relatório da CPI, configurou uma "decisão inusitada, inédita e revestida de ilegalidades que prejudicam o Município".

Ué, o Judiciário legitimou invasão? Cadê o direito à propriedade? No caso, ainda mais grave, trata-se de propriedade pública.

Compreensível, na medida em que a Associação Paulista dos Magistrados está sediada numa área pública, com irregularidades na cessão de uso, no bairro nobre do Ibirapuera. E aí, não vai ter bala de borracha nos ilustríssimos juízes?

Querem mais? As agências do Bradesco na praça Panamericana e no Butantã invadiram áreas públicas em seus empreendimentos. O mercado Pão de Açúcar, na mesma praça Panamericana, e o Extra da Avenida Jucelino Kubitschek fizeram o mesmo. Assim como as faculdades privadas Unisa e Unip Anchieta.

Por sua vez, o Itaú Seguros e a Colgate-Palmolive foram denunciados pela CPI de 2001 por concessão de uso irregular de áreas públicas.

Outro caso escandaloso é o do Centro de Cultura Judaica, ao lado do metrô Sumaré, que teve concessão de uso de área pública e não cumpriu com termos e prazos.

E aí, governador: invadiu, tem que "desinvadir"! Cadê a tropa de choque para despejar essa turma toda?

E ao Judiciário paulista – tão rápido em conceder liminar de reintegração de posse contra as ocupações de sem-teto – pergunta-se: onde está o mandado contra os clubes, os shoppings e os bancos?

Ocupar é crime?

Um crime ocorre quando alguém toma uma ação contrária às leis que estão em vigor no país. É uma ação ilegal. O que não quer dizer que não possa ser legítima. Como assim?

A lei não é perfeita e é feita pelos legisladores – senadores, deputados, vereadores – de acordo com interesses. Muitas vezes, como já vimos, estes interesses só beneficiam aos próprios legisladores e à classe social de que fazem parte, em especial às empresas que os financiam.

Vamos tomar um exemplo: o direito de manifestação e de greve. Em vários países e momentos de nossa história, lutar por direitos sociais e fazer greve eram ações contrárias à lei, portanto, consideradas como crime. Muitos foram presos, torturados e até mortos por isso. E muitos continuam sendo. Mas manifestar, lutar por uma vida mais digna, fazer greve são ações legítimas, independentemente do que diga a lei. Ou seja, nem sempre a lei é legítima e nem sempre a ilegalidade é ilegítima.

No nosso caso, as ocupações de terras vazias são no Brasil, ao mesmo tempo, legítimas e legais. A principal das leis de nosso país, a Constituição Federal, afirma nos artigos número 5 e 170 que toda a propriedade tem que cumprir uma função social. O que é isso?

Toda a propriedade tem que ter algum uso, seja para moradia, produção ou qualquer outro que traga benefício para a sociedade. Os grandes terrenos e prédios vazios, usados para a especulação imobiliária, não tem nenhuma função social. Sua única função é encher o bolso de uns poucos proprietários.

Isso significa que, ao deixar as terras ociosas, os proprietários estão agindo de forma ilegal e criminosa. Deveriam ser punidos pela lei. Sabemos que isto não acontece porque o Judiciário – poder do Estado responsável por assegurar o cumprimento da lei – usa a velha máxima dos "dois pesos, duas medidas". É cego na aplicação das leis que favorecem aos pobres, mas tem olhos bem abertos para a aplicação daquelas que interessam aos ricos.

Mas o fato é que, com base na Constituição Federal do Brasil, os grandes proprietários e especuladores é que são criminosos. Neste sentido, por mais estranho que pareça ao discurso dominante, ocupar uma terra que não tenha função social é fazer cumprir a lei.

Ocupar não é crime, é um direito. Os trabalhadores sem-teto que ocupam estão exigindo o cumprimento da função social da propriedade e reivindicando legitimamente o direito à moradia digna, também prevista na Constituição.

Isso não impede que o Judiciário, a serviço dos proprietários, tente criminalizar os trabalhadores. Não são poucos os lutadores que sofrem processos e até são presos. Sem contar a rapidez e facilidade com que os juízes determinam um despejo, em contraste com a demora que estes mesmos juízes levam para julgar os processos (trabalhistas, por exemplo) que possam beneficiar os trabalhadores.

Mas despejar ou prender militantes não tem como pôr fim às ocupações de terra. Ocupar não é uma escolha, é uma necessidade para muita gente. E, mesmo com repressão, a necessidade sempre bate à porta.

Ocupar é a única alternativa

A lógica capitalista de transformar moradia em mercadoria exclui muita gente. Do mesmo modo que nem todos podem comprar certos produtos numa loja, muitos trabalhadores não têm como adquirir uma casa. Até porque, como vimos no capítulo 2, elas estão cada vez mais caras.

Os programas habitacionais do Estado deveriam resolver este problema. Deveriam. Mas não resolvem. Vimos no capítulo 1 que todos eles, inclusive o Minha Casa Minha Vida – apesar de avançar no subsídio para famílias com menor renda, estão focados no atendimento a quem ganha mais que três salários mínimos, faixa que representa apenas 10% do déficit habitacional brasileiro.

A primeira fase do Minha Casa Minha Vida estabeleceu a meta de um milhão de casas – somente 400 mil para famílias com renda menor do que três salários. E, em poucos meses de cadastro aberto pelas prefeituras ao redor do país, estima-se que cerca de 18 milhões de famílias se cadastraram, a grande maioria trabalhadores de baixa renda. A segunda fase do programa, apesar de melhorar os números e a proporção, não mudou a proposta.

A contradição é clara: um milhão de casas e 18 milhões de cadastrados. O que vão fazer os 17 milhões restantes?

Vamos resumir a situação:

- A maioria dos trabalhadores não consegue comprar uma casa no mercado, pelos valores elevados impostos pela especulação imobiliária.
- Os programas habitacionais não atendem a maioria, especialmente entre os mais pobres, apesar de toda a propaganda.
- Os aluguéis aumentam a cada dia, bem acima dos índices de inflação, também por conta da especulação. Muitos trabalhadores têm que tomar a dramática decisão no final do mês: pagar o aluguel ou botar comida na mesa.

Diante disso, a única alternativa para milhões de famílias trabalhadoras é a ocupação de terrenos e prédios vazios. É preciso deixar claro: não é uma escolha, mas resultado da falta de oportunidades.

E não vem de hoje. Há muito tempo que os trabalhadores recorrem à ocupação para conseguir um pedaço de terra para morar. Durante o período de maior crescimento das metrópoles brasileiras (entre 1950 e 1990, aproximadamente), ocorreram milhares de ocupações urbanas país afora.

Muitas dessas ocupações não foram organizadas por movimentos populares. Foram iniciativas espontâneas dos próprios trabalhadores, motivados pela necessidade de um teto para viver. Hoje, várias dessas ocupações são bairros consolidados. Basta andar pela periferia de qualquer grande cidade brasileira para vermos isso: as ocupações deixaram sua marca nas cidades e possibilitaram a muitos trabalhadores ter acesso ao direito à moradia, que não teriam conseguido de outra forma.

Mas também ocorreram e ocorrem as ocupações organizadas por movimentos. Essas ações ganharam força principalmente a partir da década de 1980, com o surgimento de vários movimentos de luta por moradia nas cidades brasileiras. O grande marco deste período foi 1987, com a ocupação simultânea de dezenas de terrenos, envolvendo cerca de 50 mil famílias, pela União dos Movimentos de Moradia de São Paulo.

Em 1997 surgiu o MTST, que é hoje o maior movimento de luta pela moradia do país. O MTST adotou a tática de construir grandes ocupações em terrenos vazios nas periferias urbanas, buscando com isso integrar a luta por moradia com a luta por serviços e infraestrutura nos bairros mais pobres.

Desde sua formação, o MTST tem realizado ocupações que reúnem milhares de famílias, em vários estados do Brasil. Ao combater o capital imobiliário e sua aliança com o Estado, atraiu inimigos poderosos e paga o preço por isso: repressão, despejos violentos e poucas concessões dos governos.

Mais recentemente, a partir de 2007, surgiu a Resistência Urbana, uma frente nacional que reúne vários movimentos combativos em luta por direitos sociais, por uma reforma urbana anticapitalista e contra a criminalização dos trabalhadores e dos movimentos populares.

Os movimentos populares de ocupação, por sua força de mobilização, são a expressão viva do problema da moradia no Brasil. Representam a resistência ao modelo mercantil e segregador da Cidade do Capital.

CAPÍTULO 4

QUEM SÃO OS SEM-TETO

TST
BRASIL
luta é

É muito comum a visão de que os sem-teto são aqueles que estão em situação de rua, que dormem nas calçadas e encontram-se no limite da miséria. Obviamente, as pessoas que foram levadas pelo capitalismo a estas condições degradantes de vida são sem-teto. Mas não são os únicos. Aliás, representam somente uma pequena parte dos sem-teto no Brasil.

Como vimos no capítulo 1, o número de sem-teto em nosso país é incrivelmente alto: são cerca de 22 milhões de pessoas que não têm casa, morando de favor, em barracos totalmente precários ou pagando aluguel que – pela baixa renda familiar – inviabiliza a sobrevivência. Além disso, existem mais ou menos 48 milhões de pessoas que vivem sem condições básicas de serviço público e infraestrutura.

Assim, mais de um terço do povo brasileiro sofre diretamente com o problema da moradia. Por isso, reduzir os sem-teto somente àqueles que estão em situação de rua é um grande erro. E não só um erro: é criar um mito de que os sem-teto são uma exceção, um caso isolado e, desta maneira, deixar de reconhecer a gravidade do problema habitacional em nosso país. É esconder que uma parte importante dos trabalhadores brasileiros sofre com situação precária de moradia nas cidades.

Por isso entendemos que os sem-teto são todos aqueles que são afetados pelo problema da moradia, seja pela falta dela ou por tê-la nas condições mais precárias. São aqueles trabalhadores a quem o capitalismo atacou de modo brutal, com suas armas mais afiadas: desemprego, baixos salários, trabalho informal, superexploração.

Como vivem estes trabalhadores?

Um levantamento com mais de 5.200 famílias sem-teto que participaram de uma ocupação organizada pelo MTST na zona sul de São Paulo, em 2007, nos ajuda a responder essa pergunta. A situação de emprego dessas famílias era a seguinte: 26% eram trabalhadores formais, com registro em carteira; outros 27% eram trabalhadores informais, sem registro; e 47% estavam desempregados, sobrevivendo de bicos que apareciam de vez em quando.

A renda mensal dessas famílias trabalhadoras era a seguinte: 65% sobreviviam com até um salário mínimo; 32% recebiam entre um e dois salários mínimos; 2% recebiam entre dois e três salários mínimos; e apenas 1% mais do que três salários mínimos.

Estes dados tornam quase desnecessário perguntar por que esses trabalhadores entraram numa ocupação de terra. Reforçam o que já havíamos dito no capítulo anterior: a ocupação é a única alternativa de moradia para milhões de trabalhadores brasileiros.

Como pagar um aluguel ganhando um salário mínimo por mês? Ou, pior ainda, ganhando algum só quando aparece a oportunidade de um bico? Estas questões não têm resposta e, por isso, muitos trabalhadores constroem sua própria resposta ao ocuparem os terrenos e prédios deixados vazios pela especulação imobiliária.

A vida e a voz dos sem-teto

"Onde estavam antes?" Esta é a pergunta que os governos mais gostam de fazer quando se deparam com uma ocupação de terra. Partem do princípio óbvio de que, antes de ocupar, os sem-teto viviam em algum lugar. E daí tiram a conclusão de que não precisam de casa, porque podem voltar para o lugar de onde vieram. Simples o raciocínio, não é?

Simples e cínico. Os mesmos governos que não cumprem com o dever constitucional de garantir moradia digna a todos propõem aos trabalhadores que voltem aos seus buracos quando estes se levantam após anos e anos numa condição miserável. Os mesmos governantes que, de modo hipócrita, lamentam pelas mortes num deslizamento em área de risco pedem aos trabalhadores que voltem às áreas de risco.

Onde estavam os trabalhadores antes de ocupar? São várias as respostas: em barracos pendurados nas áreas de risco; num cômodo de 2 m por 2 m na casa de um parente; despejados após meses sem conseguir pagar o aluguel; sem esperança após esperar 20 ou 30 anos na fila de algum programa habitacional; e por aí vai.

Mas ninguém melhor do que os próprios sem-teto para falar de toda esta história. Por isso, colhemos os relatos de alguns ocupantes sobre o que os levou a participar de uma ocupação. Trabalhadores e trabalhadoras sem-teto, alguns jovens, outros mais idosos, que têm em comum a vida sofrida e a necessidade de um teto para sua família. Além, é claro, da coragem que tiveram ao se levantar para lutar por seus direitos.

Norma,[3] 32 anos

Norma é uma baiana de Vitória da Conquista. Viveu na "terrinha" até os 25 anos de idade, quando teve que vender

3 Norma conquistou sua casa em 2013.

a pequena casa onde morava por conta das dificuldades financeiras. Casada desde os 16 anos com Toninho, a esta altura já tinha três dos seus quatro filhos. Por falta de alternativa, vieram todos tentar uma vida melhor em São Paulo, seguindo o destino de outros milhões de nordestinos que, vencendo a distância e os preconceitos, construíram esta cidade.

Logo ao chegar, em 2007, investiu o que havia conseguido com a venda da casa na compra de um lote na periferia da zona sul. Nisso foram embora os R$ 6.500 que tinha. Trabalhava distribuindo panfleto no semáforo – curiosamente panfletos de empreendimentos imobiliários. Toninho ralava como ajudante de pedreiro. Assim, conseguiram erguer uma casinha no lote que haviam comprado.

Alguns meses depois veio a surpresa: uma ordem de despejo, para eles e as outras onze famílias que haviam comprado lote naquele terreno. Revelou-se então que o loteador era um grileiro, que, nesse momento, já havia embolsado o dinheiro e ido embora. Em poucas semanas foram despejados e, como se não bastasse, apontados no processo judicial como cúmplices do grileiro e não como vítimas.

Após perderem tudo, conseguiram pagar um aluguel de R$ 350 no mesmo bairro. Mas por pouco tempo. Depois de três meses, Toninho ficou desempregado. Começaram a atrasar o pagamento e a ameaça de despejo veio junto com a de perder a guarda das crianças para o Conselho Tutelar, dadas as condições precárias em que estavam vivendo. Norma entrou em depressão: "Foi o pior período da minha vida."

Nessa época foi avisada por uma das onze famílias que também haviam sofrido o golpe sobre uma ocupação num grande terreno da região. "Deus me livre!" – foi sua primeira reação. Achava que isso era coisa de baderneiro e bandido. Assim, recusou o primeiro convite. Mas, dias depois, com uma nova ordem de despejo causada pelo atraso do aluguel, a realidade falou mais alto.

Chegou na ocupação desconfiada de tudo e de todos. Passou muito sofrimento debaixo do barraco de lona preta, por mais de seis meses. Mas as dificuldades e a luta a aproximaram dos outros ocupantes. Foi mudando de opinião: "Às vezes a gente mora no bairro por anos e não conhece nem o vizinho. Na ocupação é bem diferente. Tive apoio dos companheiros", lembra.

A ocupação permitiu a Norma e sua família não só um teto para viver com alguma dignidade. Mudou também sua visão sobre uma série de questões: "É muito sofrimento, mas não só. Antes eu achava que tudo isso era pilantragem, que se alguém fazia uma manifestação era porque tinha dinheiro envolvido. O movimento me ensinou que temos que lutar pelos nossos direitos. Hoje eu estou na linha de frente, para o que precisar, até porque a luta não acaba depois de ter a moradia. Tem muitas outras coisas."

Seu Agripino,[4] 69 anos

Agripino é um senhor pacato e de fala mansa, que revela no rosto e no tom de voz respeitoso a experiência de 69 anos de vida e pelo menos 50 de trabalho duro. Há mais de 30 anos trabalha como marceneiro, apenas seis com registro em carteira. Antes disso, havia trabalhado quase 15 anos numa metalúrgica. "O salário até que era bom", diz, "mas fui demitido porque tive um problema na coluna." Isto em 1980. Depois, só trabalhou como marceneiro, o

4 Seu Agripino conquistou sua casa em 2014.

que faz até hoje para complementar a rasa aposentadoria de um salário mínimo.

Mas, mesmo com seus 50 anos de trabalho, não conseguiu ter sua casa. Morou durante muitos anos de favor no terreno de seu sogro. A princípio, não havia muito problema, mas depois de certo tempo seus cunhados começaram a implicar com ele: "Eles diziam que eu e minha mulher não tínhamos direito de ficar lá. Na verdade, nós tínhamos tanto direito quanto eles, mas o clima foi ficando muito ruim. A cada dia era um problema novo, piorava cada vez mais. Quase chegaram a me expulsar de lá", relata Agripino, expressando o drama doméstico de milhões de brasileiros que vivem de favor em casa de parentes.

Neste período, ocorreram duas ocupações na região onde morava, mas ele não foi. Tinha medo da polícia. E confiava que ainda poderia ser chamado no cadastro da Cohab, que fez em 1978. Agripino chegou a ser chamado uma vez, em 1999, mas tinha que ter R$ 3 mil de entrada e renda mensal de pelo menos R$ 800. Não tinha. Até hoje guarda o comprovante do cadastro feito em há 37 anos, mas já não guarda mais nenhuma expectativa de ser chamado: "Uma hora a gente cansa! Depois deste cadastro, eu já tive três filhos e nove netos e a Cohab não me deu a casa."

Cansado de esperar e não podendo mais suportar as brigas com os cunhados, Agripino teve que tomar uma decisão. Quando, em 2007, ocorreu uma grande ocupação perto de onde vivia, seus vizinhos vieram chamá-lo. Desta vez resolveu ir. Antes de montar seu barraco, andou pelo acampamento e conversou com as pessoas. Então tomou sua decisão: "Fui bem recebido por todo mundo, até por quem não conhecia. Participei da assembleia e vi que o negócio era sério. Fiquei e estou no movimento até hoje. Graças a Deus, agora estou conseguindo minha casa".

"Graças a Deus e à luta", completa. Mas nem tudo foram flores. Agripino enfrentou uma resistência mais dura do que a polícia: Dona Margarida, com quem é casado há 45 anos. Margarida nunca aceitou sua ida à ocupação, dizia que a polícia ia bater em todo mundo e que isso não daria em nada. Insistia que se Agripino continuasse trabalhando poderia comprar uma casa para eles e os filhos. Agripino responde com simplicidade e muita lógica: "Trabalhei a vida inteira e não consegui. Fiquei na fila do cadastro e não consegui. Por que eu ia conseguir agora?".

O fato é que, depois de lutar bastante, Agripino recebeu uma Carta de Crédito, com a qual poderá comprar sua moradia com subsídio do governo. Ele e mais 350 sem-tetos do movimento. Até seu filho, que hoje paga aluguel, mesmo sem ter condições, está pronto para participar de uma próxima ocupação. "Não só ele", diz Agripino. "Tem também vizinhos e muita gente que já não acredita mais nos cadastros do governo e que sabe que não vai conseguir comprar casa, mesmo que trabalhe como um cão."

Agripino percebeu – por sua própria experiência – que esta sociedade tem muros e que as oportunidades estão longe de ser iguais para todos. E do alto dos seus 69 anos dá lição de disposição em muito jovem.

Tia Deda[5], 53 anos, e Seu Zé, 52 anos

Deda e Zé moram de aluguel numa casa desde 2006. Foi quando conquistaram o auxílio aluguel, após terem participado da ocupação de um grande terreno e realizado lutas que pressionaram o governo a garantir este benefício. A ocupação foi despejada com a promessa de que as famílias permaneceriam no auxílio aluguel por um prazo de dois anos, até a construção das moradias definitivas. Mas Deda, Zé e outras centenas de famílias que participaram desta ocupação não desistiram nem se acomodaram.

Em 2005, quando entrou na ocupação, Deda estava desempregada. Sem condições de pagar aluguel, fazia serviço de diarista para uma senhora em troca da possibilidade de viver em um cômodo no mesmo terreno em que essa senhora morava. Viúva depois de um casamento de mais de 20 anos e sem poder contar com seus parentes, ela não tinha muitas opções. Disposição nunca faltou. Além de diarista, já tinha trabalhado como vendedora de salgados e cozinheira profissional, dentre vários outros bicos.

Quando a proprietária do terreno em que vivia exigiu uma quantia a mais em dinheiro, não teve jeito. Ela não podia pagar. Foi então que soube da ocupação e foi sem demora. Encontrou dois companheiros que a ajudaram a erguer seu barraco e lá enfrentou as dificuldades da luta: "Quem encara um acampamento é porque realmente precisa. Você sabe o que é a água da chuva estourando a lona do seu barraco e molhando tudo?", relembra Deda.

---

5 Um ano e meio após esta entrevista, infelizmente, a companheira Deda faleceu, antes mesmo de realizar o sonho de ter sua casa. Foi homenageada em outubro de 2014 com a Ocupação "Dona Deda", no Campo Limpo, zona sul de São Paulo.

Mas, apesar das agruras, ela logo se enturmou e passou a ser conhecida em toda a ocupação como Tia Deda. Foi um período de sofrimento, mas de muito aprendizado e novas amizades. Hoje afirma com orgulho: "Sou outra pessoa. A começar pelo fato de que, graças ao movimento e à nossa luta, eu e muita gente temos um lugar pra morar".

O barraco de Zé era bem próximo do de Deda na ocupação. Ainda não se conheciam, embora tivessem histórias semelhantes. Na época com 45 anos, Zé estava com dificuldades para arrumar emprego em sua área, a construção civil. Desempregado, passou a fazer bico como flanelinha. Mas o dinheiro não dava para o aluguel. Foi despejado e conseguiu abrigo por uns dias na casa de amigos. Mas esses dias foram se estendendo e a situação foi ficando difícil. "Teve dia que cheguei a dormir na rua. Chegava na casa só pra dormir e depois saía. Mas não deu mais".

Arrependia-se de não ter participado de duas ocupações que haviam ocorrido no bairro. Na terceira, em meio a essa situação, não deixou passar. Foi decidido e convicto de que conseguiria garantir sua morada. Só não imaginava que, além disso, sairia de lá casado. Nem Deda. Mas o fato é que, depois de alguns meses no terreno, tinham juntado seus trapos.

Zé relata como foi o encontro: "Passei pelo barraco dela e ela estava cozinhando feijão na entrada. Aí eu perguntei se tinha almoço pra mais um. Ela disse que só se eu levasse carne. Eu fui no açougue e gastei o que tinha numa carne de primeira. Almoçamos juntos, fomos conversando e dali a uns dias a gente estava junto".

Hoje, casados, os dois enxergam a experiência da ocupação como uma virada na vida. Não apenas por terem conseguido um alívio na situação de moradia (o auxílio aluguel) e uma perspectiva real de terem sua casa. Mas fundamentalmente pelo aprendizado de luta que a ocupação lhes trouxe: "Hoje eu não abaixo a cabeça pra ninguém. Sei dos meus direitos e vou até o fim", diz Deda.

CAPÍTULO 5

ORGANIZAÇÃO COLETIVA E PODER POPULAR

Criar!
Criar!
Poder

BRASIL
PELA REFORMA

Os sem-teto, quando fazem uma ocupação, pretendem a construção de casas para aqueles que precisam. Mas acabam por construir outras coisas também. Mesmo quando a casa não vem e são despejados, há conquistas muito importantes, que marcam a vida daqueles que tiveram a coragem de se levantar e lutar por seus direitos.

A vivência coletiva numa ocupação organizada, as formas novas de apropriação do território e o engajamento nas decisões e mobilizações necessárias à conquista da moradia fazem das ocupações um espaço de enfrentamento à lógica da Cidade do Capital. E constroem uma referência de organização coletiva e poder popular.

Fazer reforma urbana com as próprias mãos

No discurso dominante, as ocupações são colocadas como responsáveis pelo caos urbano e a falta de planejamento das cidades. Segundo essa lógica, seria preciso despejar muitas das ocupações existentes e reprimir a formação de novas. Esta é a postura assumida por quase todas as instâncias de governo no Brasil, sejam os governantes do DEM ou do PT.

Mas a lógica deste discurso é invertida, além de representar os mais evidentes interesses do capital imobiliário. Invertida porque transforma em vilões aqueles que foram as principais vítimas do processo de crescimento urbano. As ocupações foram produtos da falta de alternativa habitacional aos trabalhadores, imposta pelo interesse de lucros do mercado imobiliário e pela elitização (ou inexistência) dos programas habitacionais.

Os grandes proprietários e o Estado foram e continuam sendo os responsáveis por um modelo irracional de desenvolvimento urbano. Os proprietários, apenas preocupados com seu ganho especulativo, não têm qualquer constrangimento em erguer enormes torres habitacionais que levam milhares de famílias a regiões onde a infraestrutura e os serviços já são completamente saturados.

Os governos, além de autorizarem os grandes empreendimentos sem restrições e com agilidade, não exigem qualquer contrapartida. Os mesmos governos que preferem construir avenidas e pontes ao invés de trem e metrô – e que constroem seus conjuntos habitacionais em regiões no meio do nada.

Estado e proprietários não têm qualquer autoridade para acusar os ocupantes pelo caos urbano. As ocupações são uma resposta à lógica de cidade imposta pelo capital, em aliança com os governantes. Resposta que representa a resistência dos trabalhadores a um sistema que os segrega e não garante seus direitos fundamentais.

Além disso, é preciso questionar o imaginário dominante que identifica ocupação e favela. As favelas são, em geral, produtos de ocupações não organizadas, onde os moradores vivem nas piores condições, sujeitos a todo tipo de adversidade. Ninguém quer morar numa favela. Qualquer política habitacional comprometida com os interesses populares deveria ter como prioridade a transformação de favelas em moradia digna, levando infraestrutura e serviços urbanos, além da remodelação do espaço.

Mas nem toda ocupação produz favela. As ocupações organizadas por movimentos populares, além de ser resultado da falta de alternativa de moradia, trazem muitas vezes valiosas lições para uma nova lógica de organização do território urbano. Muitas das experiências mais interessantes de questionamento à segregação e irracionalidade da Cidade do Capital foram e são produzidas nas ocupações.

A ocupação Anita Garibaldi, em Guarulhos, na Região Metropolitana de São Paulo, teve seu projeto de implantação urbana feito pelos trabalhadores em parceria com estudantes da Faculdade de Arquitetura e Urbanismo da USP. Tem ruas na medida correta, campo de futebol e uma enorme área social de convivência, hoje parcialmente ocupada por uma creche. Sem contar o barracão para assembleias dos moradores, erguido por eles próprios.

Os lotes da ocupação Pinheirinho, em São José dos Campos, no interior de São Paulo, eram maiores do que os de qualquer outro bairro da região. Foram também reservados na ocupação, cujo imenso terreno voltou para a especulação imobiliária após o massacre promovido pela PM do governador Geraldo Alckmin, lotes semirrurais, para aqueles trabalhadores que têm uma atividade agrícola. A ocupação ainda tinha local para assembleia e área de convivência.

A primeira sessão de cinema a que muitos trabalhadores de Taboão da Serra, na Grande São Paulo, tiveram a oportunidade de assistir foi no interior da ocupação Chico Mendes. Durante o período em que os ocupantes estiveram na posse do terreno, entre 2005 e 2006, antes de serem despejados, ocorreram regularmente sessões de cinema e saraus aos sábados, além da formação de uma biblioteca comunitária, que possibilitou a muitos um encontro ou reencontro com a leitura.

Isso sem falar nas cirandas para as crianças, nos barracões comunitários por rua e em outras iniciativas do gênero, que costumam estar presentes em várias ocupações organizadas por movimentos populares.

É evidente, porém, que as ocupações organizadas não são uma "ilha do paraíso" e nem poderiam ser. Nelas se enfrentam os mesmos problemas que no conjunto da periferia. Mas, com uma proposta de resistência, elas mostram que a organização coletiva dos trabalhadores é capaz de fazer o que o Estado não faz. E apontam para a perspectiva de uma nova lógica de organização do território, definida pelo interesse coletivo da maioria e não pela sede de lucros dos especuladores e empreiteiros. Não apenas no acampamento, mas também nos empreendimentos que resultaram das ocupações e lutas.

O Empreendimento "João Cândido", na Região Metropolitana de São Paulo, tem apartamentos com 63 metros quadrados e três dormitórios, utilizando-se do mesmo recurso público com que as empreiteiras tradicionalmente fazem apartamentos de 39 metros quadrados. Além disso, o condomínio contará com escola, creche e arena de teatro.

O nome que damos a isso é fazer reforma urbana com as próprias mãos: apropriar-se do espaço urbano de acordo com interesses coletivos, colhendo os frutos da organização autônoma dos trabalhadores, sem deixar, por outro lado, de enfrentar o Estado para exigir a conquista de nossos direitos.

Modelo de organização coletiva

Da mesma forma que o capitalismo transforma tudo, até mesmo o espaço da vida, em mercadoria, transforma também os trabalhadores em consumidores passivos dessas mercadorias. Nessa sociedade, cada um vale o quanto paga.

O trabalhador modelo para o capital é aquele que leva passivamente a vida dura que lhe foi imposta, sonhando consumir algum dia as mercadorias que não foram feitas para ele, apesar de feitas por ele: o trabalhador quieto, que diz "sim, senhor" durante a semana e "amém" aos domingos.

A ideologia dominante impõe, com este modelo de vida, o princípio do "cada um por si". Apresenta os problemas e as soluções como determinados por fatores individuais. Se um trabalhador não tem casa é porque não trabalhou o bastante; e se quiser consegui-la, basta trabalhar mais, fazer hora-extra ou se qualificar para encontrar um emprego melhor.

Dessa maneira, os graves problemas sociais são apresentados como se fossem um problema individual de cada um. A ocupação organizada rompe com esta lógica ao construir uma experiência de ação coletiva dos trabalhadores.

Ao ocupar uma terra, os trabalhadores não têm outra alternativa a não ser contar uns com os outros para conquistar sua moradia. Tanto a vitória quanto a derrota da ocupação, se ocorrer, será de todos. Esta situação, que é própria a qualquer atuação coletiva (uma greve, por exemplo), proporciona experiências extremamente valiosas de organização.

Desde a abertura das ruas, passando pela organização da coleta de lixo, até a forma de solução dos problemas cotidianos, podem representar, numa ocupação, um aprendizado de decisão e trabalho coletivo.

As cozinhas comunitárias talvez sejam o maior exemplo disso. Nos acampamentos do MTST há um esforço no sentido de garantir pelo menos uma cozinha para cada grupo de 100 a 200 famílias. Estas cozinhas funcionam com base na doação dos próprios moradores e no trabalho voluntário, em sistema de revezamento. Aqueles que, por algum motivo (de trabalho, por exemplo), não podem contribuir nas tarefas entram com as doações. Com essa iniciativa, cria-se um vínculo sólido de trabalho coletivo e, ao mesmo tempo, assegura-se que ninguém passe fome na ocupação. O que está em jogo é a construção de soluções para os problemas que afetam a todos.

Além disso, ao realizar regularmente assembleias sobre as questões da comunidade e ao definir coletivamente as regras para o uso do espaço – com todos os limites que isso tenha –, os ocupantes saem da posição política de completa passividade que marca a democracia burguesa.

Muitas vezes, esse exercício de decisão coletiva produz um resultado duradouro, ao formar novos militantes para a luta dos trabalhadores no Brasil. São aqueles que, com esta experiência, perceberam que podem lutar para decidir também os rumos da sociedade em que vivem.

Mas, independentemente do caminho que cada um venha a seguir, fica sempre a marca desta experiência viva de poder popular. Experiência que se expressa nestas várias práticas de decisão e organização coletiva, mas também no processo de mobilização, sem o qual uma ocupação não sobrevive um mês sequer.

Os interesses que uma ocupação enfrenta costumam ser muito poderosos, o que torna necessária a realização de um conjunto de ações de pressão sobre o Estado: marchas, acampamentos em prédios públicos, travamentos, dentre outras. Nessas ações, os trabalhadores sem-teto vão aprendendo a valiosa e antiga lição de que não dependem de ninguém, a não ser de sua própria luta, para mudar a vida e conquistar seus direitos.

E um aprendizado como esse não se perde, nem mesmo com um eventual despejo da ocupação. Torna-se parte da sabedoria popular, a ser utilizado sempre que necessário. Não são poucos os casos que conhecemos de sem-teto que, após um despejo e um retorno forçado às suas condições precárias de moradia em algum bairro periférico, tornaram-se referência em sua comunidade e organizaram por conta própria mobilizações por melhores condições de vida.

Como exemplo, cito apenas alguns casos que me são mais próximos e conhecidos: participantes de ocupações do MTST na zona sul da Região Metropolitana de São Paulo, que acabaram por ser despejadas, protagonizaram depois lutas contra os despejos em várias comunidades da região (Jardim das Palmas, Jardim Ingá, Jardim dos Reis, Boulevard da Paz, Parque Ypê); lutas por serviços de saúde e coleta de lixo em outras tantas (Jardim São Luiz, Jardim São Marcos, Jangadeiro, Pirajuçara); além do envolvimento em grandes lutas por transporte público na região, com vários travamentos da Estrada do M'Boi Mirim. Esses são apenas alguns casos, localizados numa única região, mas que ilustram a utilidade do aprendizado adquirido numa experiência de ocupação organizada.

Assim, a participação numa ocupação pode representar um despertar para muitos trabalhadores. É bastante frequente, entre os ocupantes, aqueles que relatam que sua vida se divide entre o antes e o depois da ocupação.

Os casos apresentados no capítulo anterior ilustram um pouco este fato. Ao tornarem-se parte ativa, unidos a outros companheiros pelo mesmo interesse coletivo, muitos sem-teto desenvolvem uma nova visão das relações sociais e políticas em que estão inseridos, passando a atuar de modo mais crítico e ativo no conjunto de sua vida.

Produto da necessidade e da falta de alternativas, a ocupação pode tornar-se uma escola de luta, um despertar para sujeitos tratados pelo capitalismo a ferro e fogo nas periferias. Do chão da periferia segregada, muitos combates ainda poderão brotar.

APÊNDICES

P E L A M O R
C H E G

DIGNA
ESPE J

PINHEIRINHO
O ESTADO A SERVIÇO DA ESPECULAÇÃO

Em 22 de janeiro de 2012, a Polícia Militar de São Paulo invadiu a ocupação Pinheirinho, em São José dos Campos, numa operação de guerra que chocou o país. Dezenas de feridos, duas mulheres violentadas sexualmente, pertences destruídos ou roubados e a morte de Ivo Teles dos Santos por traumatismo craniano após espancamento pela PM. Este foi o saldo da ação que despejou 1.600 famílias e destruiu suas casas. Por que este massacre contra famílias que apenas queriam um canto para morar? Vamos tentar entender.

A ocupação do Pinheirinho iniciou-se em 2004, quando centenas de famílias foram despejadas de suas casas na região sul de São José dos Campos. Sem ter onde morar e sem que o Estado oferecesse qualquer alternativa, ocuparam uma parte da imensa área abandonada, que depois se transformou em bairro. Muitas outras famílias, que viviam o mesmo drama, se juntaram à ocupação.

Desde o primeiro momento, a prefeitura da cidade fez todos os esforços para despejar os moradores e devolver o terreno à empresa Selecta, de Naji Nahas, um conhecido especulador, processado por crime do colarinho branco e preso em 2008 na operação Satiagraha da Polícia Federal.

A situação deste terreno é um exemplo precioso do que vimos no capítulo 3 deste livro. Assim como a maioria dos grandes proprietários de terra, Naji Nahas estava envolvido num esquema de grilagem que roubou propriedade pública. O terreno do Pinheirinho pertenceu a dois irmãos alemães, que deram nome ao bairro vizinho, o Campo dos

Alemães. Os irmãos foram assassinados, num crime nunca esclarecido, em 1969, sem deixar herdeiros.

Quando um proprietário morre e não deixa herdeiros, suas propriedades são transferidas ao Estado, tornando-se patrimônio público. No entanto, não foi isso que ocorreu. Documentos foram falsificados e, de grileiro para grileiro, a área foi parar nas mãos da Selecta. Este caso, como milhares de outros iguais pelo país, nunca foi investigado.

Mas em 2004, quando ocorreu a ocupação, a prefeitura ainda não tinha a força necessária para fazer o despejo e vencer a valorosa resistência dos moradores do Pinheirinho, organizada pelo Movimento Urbano dos Sem Teto (MUST).

Já em 2011, quando se montou o plano do despejo, as forças eram muito maiores. A prefeitura, na figura do prefeito Eduardo Cury, e Naji Nahas conseguiram trazer para seu lado o presidente do Tribunal de Justiça de São Paulo, Ivan Sartori, e o governador do estado, Geraldo Alckmin. Amigos poderosos, com condições de mobilizar quantos soldados fossem necessários para apagar o bairro do mapa. Tudo com a omissão silenciosa do governo federal.

O que ocorreu nestes sete anos, que fez com que as autoridades máximas do estado de São Paulo se mobilizassem ativamente para massacrar uma ocupação? Mais do que isso: para que estas autoridades agissem ilegalmente, desrespeitando uma ordem da Justiça Federal?

Muita água rolou de 2004 a 2011... E muito dinheiro também. Como vimos no capítulo 2, os últimos anos foram marcados por um aumento brutal da especulação imobiliária e da valorização de terras urbanas no Brasil. Os capitalistas deste ramo – proprietários, construtoras, incorporadoras – se fortaleceram muito e aumentaram seu poder de influência sobre os governos.

São José dos Campos não fugiu à regra. Muito pelo contrário. Foi uma das cidades em que a valorização imobiliária foi mais feroz no estado de São Paulo. Somente de 2010 para 2011, a arrecadação do Imposto Territorial sobre Bens Imóveis (ITBI) subiu 20% na cidade.

Num encontro do setor imobiliário de São José em novembro de 2011, os empresários e donos de terra estimaram a movimentação de R$ 5,4 bilhões no mercado imobiliário municipal até 2014. Curiosamente, a parte da cidade que lidera este processo, com a previsão de 51 empreendimentos, é a zona sul, onde fica o terreno do Pinheirinho.

De forma descarada, fica claro quais foram os interesses que mobilizaram o poder do Estado para despejar e massacrar a população do Pinherinho naquele momento. A ocupação representava um problema sério para esta escalada da especulação, já que sua existência desvalorizava as áreas vizinhas. Isso sem contar a liberação do próprio terreno para o capital imobiliário.

Por isso, a mão-de-ferro do Estado. Por isso a ação criminosa do Judiciário paulista e da Polícia Militar. Por isso também a omissão do governo federal. Pinheirinho só pôde contar com suas próprias forças, contra a agressão covarde de todos os poderes de Estado juntos.

Para coroar este episódio vergonhoso, que ilustra perfeitamente o serviço do Estado à especulação imobiliária, o coronel Messias – que comandou o massacre em São José dos Campos – recebeu no dia 9 de fevereiro, menos de vinte dias depois, a Medalha Paul Balagny, que é reservada àqueles que prestam "relevante contribuição em benefício da Polícia Militar do estado de São Paulo". É o Estado, em sua verdade nua e crua: defendendo os ricos, massacrando os trabalhadores e premiando os carrascos.

ODER POPULAR
A LUTA É PRA VALER

VILA NOVA PALESTINA
E A EXPLOSÃO DE OCUPAÇÕES EM
SÃO PAULO

A partir de julho de 2013 pipocaram dezenas de ocupações de terrenos e prédios ociosos em São Paulo. Especialmente em bairros da periferia, trabalhadores se organizaram e passaram a tomar com barracos terrenos antes abandonados ou utilizados para especulação imobiliária.

Foi assim em Paraisópolis, Grajaú, Parque Ypê, Jardim Ingá, Parque do Gato, Jardim Ângela, Jardim Pantanal e Sacomã, entre outros. Somente na Ocupação Vila Nova Palestina, no Jardim Ângela, foram mais de 8 mil famílias.

De onde veio essa massa de milhares de trabalhadores sem-teto? Por que é que de repente passaram a ocupar os espaços ociosos da cidade?

A resposta está no barril de pólvora que há anos vem crescendo nas grandes metrópoles brasileiras. Está cada dia mais caro morar nas grandes cidades, inclusive em suas regiões periféricas. Os índices de valorização imobiliária dos últimos anos são assombrosos.

Em São Paulo, o preço médio dos imóveis aumentou 195,2% de 2008 a 2013, isto é, praticamente triplicou em cinco anos. O aluguel variou 95,1% no mesmo período, quase duplicando. Se tomarmos os números das outras grandes cidades brasileiras, veremos uma situação semelhante, quando não mais grave. Os dados são do Índice Fipe Zap de Preços de Imóveis Anunciados. Mas o que isso tem a ver com as ocupações?

Ora, uma parcela significativa das famílias trabalhadoras brasileiras não tem casa própria e por isso vive de aluguel. O aluguel aumentou muito, bem mais do que a renda dessas famílias. Assim, muitos foram forçados pela situação a viver ainda mais longe, em bairros ainda mais periféricos. Isso significa piores serviços públicos, mais tempo no transporte coletivo e uma vida ainda mais difícil.

Mas mesmo em regiões bastante periféricas, como Jardim Ângela ou Itaquera, o valor do aluguel aumentou muito. E milhares de trabalhadores não tiveram outra alternativa a não ser ocupar terrenos vazios nestes bairros.

Assim, esta legião de trabalhadores sem-teto não surgiu do nada. São em sua maioria moradores da periferia que foram sendo expulsos das casas em que viviam por não terem mais como arcar com o elevado valor do aluguel.

Mas o espírito de porco pode perguntar ainda: se este problema existe há vários anos, por que as ocupações só explodiram agora, a partir da metade de 2013?

Esta é uma boa pergunta. Mas também fácil de entender. Em junho de 2013 o Brasil viveu uma das maiores mobilizações de sua história. Centenas de milhares de pessoas foram às ruas em todo o país numa luta que se iniciou pelo Movimento Passe Livre com o objetivo de revogar o aumento nas tarifas de transporte público.

E neste ponto foi vitoriosa. As tarifas baixaram pelo país afora. Seria ingenuidade acreditar que este acontecimento não deixaria lições e consequências na consciência popular.

Embora a maior parte dos trabalhadores das periferias não tenha ido às ruas em junho – em grande medida por conta da relativa estabilidade econômica e do baixo desemprego –, não deixaram, por outro lado, de receber o impacto destas mobilizações.

O recado de junho foi claro: se o povo for às ruas em massa e de forma organizada pode obter conquistas. Afinal, a tarifa baixou. As mobilizações populares, que estavam desacreditadas no Brasil, voltaram para a ordem do dia.

Esta situação acabou funcionando como um disparador em relação às condições intoleráveis de moradia por conta da especulação imobiliária. Daí as ocupações terem pipocado com grande força a partir de julho e agosto.

O problema, portanto, é estrutural e profundo. Qualquer governo que pensar poder lidar de forma paliativa ou repressiva com estas ocupações tende a sofrer uma resposta inversa. Isto é, as ocupações apenas aumentarão.

Por isso entendemos que a medida mais básica e primeira a ser tomada, em nível federal, é a regulação do valor dos aluguéis urbanos. O Estado não pode permitir que o capital imobiliário imponha livremente, sem qualquer regulamentação, aluguéis abusivos.

Há precedentes relevantes, inclusive em nosso país. O Decreto 4.403, de 1921, estabelecido após grande pressão popular, controlou o aumento de aluguéis por sete anos, até 1928. Novamente, em 1942, já na Era Vargas, foi lançado o Decreto 4.598, complementado por vários outros decretos e leis posteriores e que regulou o valor dos aluguéis e condições de despejo até a ditadura militar.

Ou seja, não estamos propondo algo de outro mundo. Atrelar o teto dos reajustes de aluguel ao índice de inflação é algo não apenas possível como necessário e urgente. A onda de ocupações expressa isso com clareza.

A grande questão é quem o Estado ouvirá: a pressão popular ou os poderosos interesses do capital imobiliário. Se optar por continuar atendendo o segundo, pode preparar-se para um avanço intenso das ocupações em todo o país. O MTST e a Resistência Urbana não se furtarão a estimular e construir estas lutas.